文化产业结构安全论

佟　东　著

北京交通大学出版社
·北京·

内 容 简 介

本书为北京文化安全研究基地成果，文中阐述了我国文化产业结构安全的现状、影响文化产业结构安全的主要因素，构建了文化产业结构安全的评价模型，借鉴了美国、日本和韩国在维护文化产业结构安全中的主要经验，并指出这些经验对我国维护文化产业结构安全的启示。

图书在版编目（CIP）数据

文化产业结构安全论／佟东著. —北京：北京交通大学出版社，2018.7
ISBN 978-7-5121-3591-8

Ⅰ. ①文… Ⅱ. ①佟… Ⅲ. ①文化产业-产业结构-安全-研究-中国
Ⅳ. ①G124

中国版本图书馆 CIP 数据核字（2018）第 148625 号

文化产业结构安全论
WENHUA CHANYE JIEGOU ANQUANLUN

责任编辑：方元元
出版发行：北京交通大学出版社　　电话：010-51686414　　http://www.bjtup.com.cn
地　　址：北京市海淀区高梁桥斜街 44 号　　邮编：100044
印 刷 者：艺堂印刷（天津）有限公司
经　　销：全国新华书店
开　　本：170 mm×240 mm　　印张：9.25　　字数：147 千字
版　　次：2018 年 7 月第 1 版　　2018 年 7 月第 1 次印刷
书　　号：ISBN 978-7-5121-3591-8/G·1778
定　　价：38.00 元

本书如有质量问题，请向北京交通大学出版社质监组反映。对您的意见和批评，我们表示欢迎和感谢。
投诉电话：010-51686043，51686008；传真：010-62225406；E-mail：press@bjtu.edu.cn。

本书受北京印刷学院校级社科重点项目：“走出去”战略下图书出版业海外市场竞争机制及模式研究资助。

目　录

1 引　言

文化产业安全是关系到文化产业发展的关键问题之一。而文化产业结构安全又是文化产业安全的核心问题。党的十八大报告提出“扎实推进社会主义文化强国建设”“提高国家文化软实力”，使“文化产业成为国民经济支柱性产业”。党的十八届三中全会强调要“提高文化开放水平”“切实维护国家文化安全”“推动中华文化走向世界”。文化产业成为国家经济发展的重要生力军，通过文化产业的发展来夯实文化强国建设的基础。本文从产业安全的视角，在深入理解文化产业结构安全内涵及外延的基础上，探讨了文化产业安全对我国文化产业发展的影响。文化产业安全的研究不仅有利于文化产业自身的发展，还能促进国家文化产业的繁荣。基于文化产业较高的关联性，文化产业安全也是促进我国产业结构调整升级和经济全面发展的重要因素。

1.1 研究背景

自20世纪90年代以来，全球信息技术高速发展，知识经济高度繁荣。文化和科技的完美融合，进一步提升了文化产业的市场竞争力。文化产业成为许多国家的支柱产业。文化产业已经形成了自己的特色，且带来了巨大的经济效益，在全球经济发展中展现出日益蓬勃的活力。很多国家和地区开始重视文化产业在创造就业、促进经济增长、加快社会建设，以及提高居民的生活质量等方面所发挥的积极作用。

如今文化产业的发展日新月异，如何充分利用文化产业为经济发展做出贡献已经成为当今的主流议题之一。文化产业是一个国家提升综合实力的重要因素，也是增强“软实力”的重要途径。文化产业作为一种新兴的朝阳产业、可持续发展的绿色产业，在全球范围内已经得到一定程度的发展，在刺激经济发展的同时，也促进了各国的文化经济竞争实力的提升。

近年来，我国经济增长迅速，民众的精神文化需求日益提高。在此基础上，文化产业受到了越来越多的学者与实践家的重视。中国具有悠久的历史，积淀了巨大的文化产业力量，但是发展文化产业不能仅依靠悠久的历史和文化，还需通过各种方式优化产业发展，使这股巨大的文化力量在经济发展中充分发挥作用。

党的十八大报告提出，要将文化产业培育成为国民经济支柱性产业，这是对文化产业发展描绘的新愿景。党的十八届三中全会通过的《中共中央关于全面深化改革若干重大问题的决定》，提出了推进文化体制机制创新的目标任务，强调加快完善文化管理体制和文化生产经营机制，建立健全现代公共文化服务体系和现代文化市场体系，要“提高文化开放水平”“切实维护国家文化安全”“推动中华文化走向世界”。文化的发展与传播依托文化产业的发展，文化产业结构调整是文化产业大发展的基础。党的十八届四中全会审议通过的《中共中央关于全面推进依法治国若干重大问题的决定》指出：“制定文化产业促进法，把行之有效的文化经济政策法定化，健全促进社会效益和经济效益有机统一的制度规范。”这有助于促进协同管理和改善文化执法状况，意味着我国文化产业的发展即将进入一个政府宏观调控有法可依的新的历史阶段。在党和政府持续大力推动下，我国文化产业发展不断取得新突破，初步构建起相对完善的现代文化产业体系，文化产业发展格局逐步得到优化，文化和科技、文化和金融、文化创意和相关产业融合成效显著，文化消费环境、水平的提升对文化产业发展的驱动作用不断凸显。①

在国家的宏观调控指导和产业转型升级的内生需求下，我国文化产业发展格局逐步优化。通过传统的文化产业转型升级，新兴文化产业的快速发展，文化产业结构逐渐趋于合理。在政府政策支持和创业环境的持续优化下，大批小微文化企业迅速发展壮大。

我国文化产业结构安全研究的意义有以下三个方面。

（1）文化产业结构调整迫在眉睫

在当前我国经济普遍面临下行压力的背景下，文化产业加快转变经济增长方式、调整产业结构已经迫在眉睫。通过传统文化产业转型升级、新兴文化产业的加快发展，文化产业在一定程度上改变了过去粗放式发展、同质化竞争的不良局面，初步实现了集约化、差异化发展，发展质量得到了进一步提升。

---

① 彭翊．中国省市文化产业发展指数报告：2015［M］．北京：中国人民大学出版社，2015：1.

（2）传统文化产业升级的需要

文艺演出、文化艺术、印刷出版、文化会展等传统文化产业通过和创意、科技的融合，大大提升了产品的生产力、表现力和传播力。以文艺演出为例，其转型升级主要体现在三个方面：其一，挣脱过去形式单一、场景单调的桎梏，积极创新演出形式，涌现出实景演出、3D 灯光秀演出、水秀演出等一批形式新颖、场面宏大的演出项目，极大地丰富了观众的感官享受；其二，深入挖掘各地特色的风俗风情或公众耳熟能详的历史典故，用现代的表现手法改编成文艺演出项目，这些具有地方特色、文化内涵丰富的文艺演出项目解决了过去演出项目普遍存在的缺乏特色、内涵和影响力的问题；其三，改变了过去文艺演出项目“单打独斗”的方式，采取和文化旅游相结合的策略，演艺项目大量设在旅游景区，融合旅游地的特色文化，和景区、餐饮、住宿等相结合，为游客提供“吃住行游购娱”多位一体的服务，最大限度地吸引游客。

（3）新兴文化产业发展的需要

数字出版、动漫游戏、移动互联网、数字电影等新兴文化产业因满足了规模庞大、消费能力和意愿均较强的青少年的娱乐需求，而发展迅猛。以数字出版产业为例，据中国新闻出版研究院发布的报告显示，在中国数字出版产业中，互联网广告、网络游戏、手机出版占据收入的前三名。在我国数字出版产业的各类业务板块中，电子书增长最快，年均增长率为 78.16%。近年来我国的动漫游戏产业在世界大发展的浪潮下也保持了良好的发展势头，国产动漫游戏作品不仅在数量上出现了大幅增长，在质量上也得到了进一步提升。一批优秀的动漫游戏企业和品牌崭露头角，动漫游戏产业链日趋完善。

1.2 文献综述

有的学者认为文化产业结构是社会发展到一定阶段所形成的、反映着一定社会文化关系的文化再生产过程中文化产业间的相互联系和比例关系。要进行文化产业结构调整，首先要克服对原有体制的制度性依赖，进行全面的制度创新，重构中国文化产业结构的制度体系。①② 也有学者认为研究文化产业结构演进的影响因素，对解决中国文化产业结构中存在的问题具有重要战略意义，应通过技术创新、组织创新、制度创新、产业集群化等对策，实

① 胡惠林．文化产业学［M］．北京：高等教育出版社，2006：184.

② 胡惠林．论文化产业结构的战略性调整与制度创新［J］．思想战线，2003，29(4)：51-54.

现文化产业结构的合理化和高度化①。

1.2.1 地区文化产业结构安全研究

部分学者认为促进地区文化产业发展，维护地区文化产业结构安全首先要从全局观出发，协调文化产业各部门共同发展，并在此基础上，对文化产业结构进行优化调整。从文化企业的角度，企业要提高文化产品和文化服务的创新能力，打造强势品牌，提高盈利水平。②③④⑤

但是由于不同地区文化产业发展程度不同，体现出来的特点也不相同。西部地区文化产业发展比较落后，文化产业结构安全存在的问题主要有：文化产品和服务比较低端且创新性差，文化产业内部结构单一且集约程度不高，文化产业人才结构不合理等。⑥ 中部地区经济发展程度好于西部地区，文化产业结构安全存在的主要问题是：文化产业整体规模小，新兴文化产业发展滞后，特色文化资源开发不够，文化企业竞争力不足。⑦⑧ 经济较为发达的沿海地区和一线、二线城市，文化产业结构安全存在的主要问题是：传统文化产业占据主导地位，未形成文化产业内部细分行业之间的差异化优势，文化产品缺乏竞争力且创新能力弱，未能基于本土文化发展特色文化产品与服务，文化产业同质化现象严重。⑨⑩

1.2.2 文化产业结构安全的机理分析

有些学者认为在影响文化产业结构的各种因素中，资源禀赋是影响文化产业结构的基础条件，社会历史因素、政策导向、市场需求是外部环境和调

---

① 许梦博，许罕多．文化产业结构的演进及中国的战略选择［J］．社会科学战线，2009(3)：251-254.

② 杨帆，刘景辉．京津冀协同发展背景下河北文化产业结构的创新发展研究［J］．统计与管理，2016(4)：119-120.

③ 于亚娟．内蒙古文化产业结构现状及优化［J］．内蒙古财经大学学报，2005，13(6)：50-53.

④ 黄勤．优化文化产业结构迫在眉睫［J］．政策，2005(3)：55-57.

⑤ 曲金华．文化产业结构优化中的问题及成因［J］．长春理工大学学报（社会科学版），2013(10)：102-104.

⑥ 章雨微，赵瑞峰．广西少数民族文化产业结构优化研究［J］．企业改革与管理，2016（1）：201-202.

⑦ 张春颖，王建华．河北省文化产业结构升级优化［J］．北华航天工业学院学报，2016（3）：31-33.

⑧ 罗能生，林志强，谢里．湖南文化产业结构优化研究［J］．财经理论与实践，2009，30（5）：118-121.

⑨ 王冉冉．武汉市文化创意产业发展结构及经济效应研究［J］．湖北职业技术学院学报，2013（3）：27-31.

⑩ 徐文燕，盛林．江苏文化产业结构现状与优化对策研究［J］．南京财经大学学报，2011（3）：18-23.

控手段，知识与技术创新、自身发展规律、竞争与合作能力、经济因素是内因和源泉。文化产业结构演进正是在这些因素综合作用下进行的。文化产业结构演进机理分析如图 1-1 所示。①

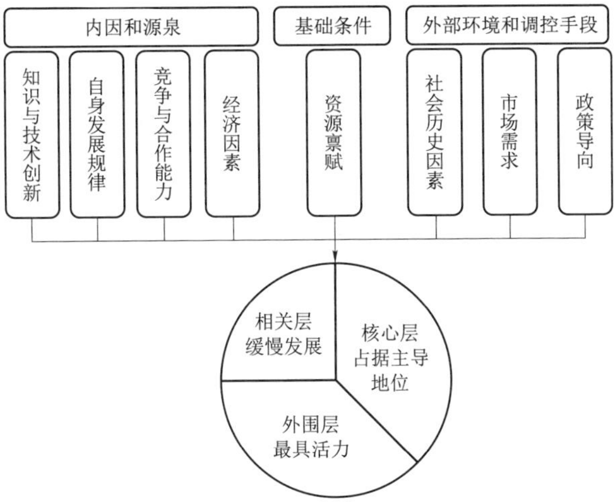

图 1-1 文化产业结构演进机理分析

也有些学者针对影响文化产业结构安全的其中一个因素进行分析。文化贸易被看作是影响文化产业结构安全的重要外部因素之一。文化出口贸易与文化产业结构的相互作用路径，如图 1-2 所示。通过对复杂的作用路径进行

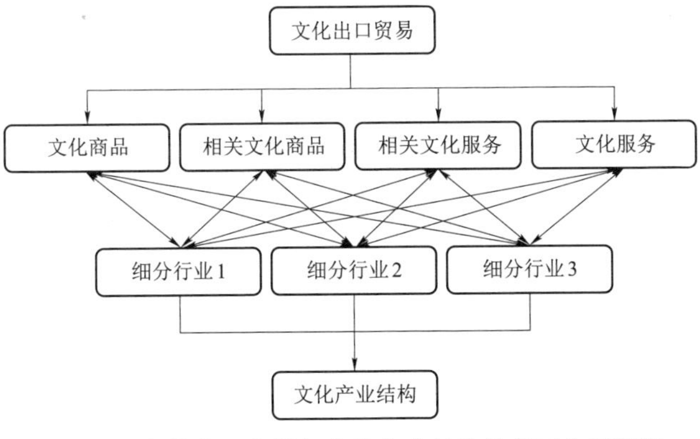

图 1-2 文化出口贸易与文化产业结构的相互作用路径

① 张茹茹，薛东前，刘振峰．文化产业结构演进特征及其机理分析：以西安市为例［J］. 文化产业研究，2016(1)：269-283.

分析，可以了解文化贸易对文化产业结构安全的影响。①

1.2.3 文化产业结构安全的实证研究

用于分析文化产业结构安全的实证方法很多，有偏离-份额分析法、产业结构变化值分析法、产业结构熵数分析法、产业结构多样化指数分析法、投入-产出分析法、计量经济分析方法等。

使用偏离-份额分析法的学者通过构建文化产业结构 shift-share 分析表和地区文化产业结构总体效果表，通过分析文化产业相对增长率、结果效果数、总结构偏离分量、总竞争力偏离分量、竞争力效果指数来分析文化产业结构安全与否。他们选用的行业主要有新闻出版发行业、广播电视电影业、文化艺术业、文化创意和设计业、文化休闲娱乐业等五大核心行业。②

运用 K 值指标进行分析的学者，用报告期产业构成比与基期产业构成比差额绝对值的总和来度量，文化产业结构变动速度 K 值波动较大，说明文化产业结构内部波动较大；文化产业结构熵 H 是核心层、外围层、相关层共同作用的结果；多样化指数是用来衡量文化产业各层次结构和各层次内部的多样化程度的。③④

运用投入-产出分析法进行分析的学者，以完全消耗系数、感应度系数、影响力系数、依存度系数为基础，对文化产业结构安全进行分析。⑤

运用计量经济学分析方法的学者，选用产业结构作为因变量，文化产业发展程度为自变量，并引入虚拟变量，构建了一个分析模型：

$$S = \alpha + \beta \ln C + \gamma_i \sum_i Z_i + \eta_i \sum_i D_i + \mu$$

其中，S 为产业结构，C 为文化产业发展程度，Z_i 为相关控制变量，

---

① 朱文静，顾江，朱婷．我国文化出口贸易结构变迁与产业结构调整的相互影响［J］．经济经纬，2012（6）：52-56.

② 占绍文，居玲燕，茆宇星．基于偏离-份额分析法的陕西省文化产业结构效益研究［J］．江苏商论，2016（2）：72-74.

③ 张茹茹，薛东前，刘振峰．文化产业结构演进特征及其机理分析：以西安市为例［J］．文化产业研究，2016（1）：269-283.

④ 宗刚，徐珊珊．北京市文化创意产业结构分析［J］．特区经济，2013（3）：51-54.

⑤ 佘赛男．四川省文化及相关产业内部结构的投入产出分析［J］．经济研究导刊，2013（8）：48-49.

D_i 为虚拟变量，α 为常数项，μ 为随机变量，β，γ_i，η_i 分别表示各个变量对产业结构升级的影响，代表其他一些影响产业结构调整的不可观测因素。①

1.3 研究内容与技术路线

1.3.1 研究内容

文化产业结构安全的研究是以产业安全理论中的产业结构安全理论和文化产业经济学为基础，对文化产业结构安全的现状、影响文化产业结构安全的主要因素、文化产业结构安全的评价、世界其他国家维护文化产业结构安全的经验借鉴和我国维护文化产业结构安全的对策进行了系统的分析。本书共有 6 章，各章内容如下。

第 1 章，引言。从文化产业结构调整迫在眉睫、传统文化产业升级的需要、新兴文化产业发展的需要三个方面，阐述了文化产业结构安全研究的意义；从地区文化产业结构安全研究、文化产业结构安全的机理分析、文化产业结构安全实证研究三个方面对现有相关文献进行了梳理和综述；对本书的研究内容和技术路线做了概括性的介绍；指出本书的研究方法和主要创新点。

第 2 章，我国文化产业结构安全现状。在界定文化产业结构安全的基础上，分析了文化产业结构安全对文化产业发展的影响；阐述了文化产业结构的演进进程和演进特点，以及各区域文化产业结构的现状。

第 3 章，影响文化产业结构安全的主要因素。探析了影响文化产业结构安全的主要因素：人才政策、财政金融政策、奖励鼓励政策、国际贸易政策等文化产业政策因素；文化资源、文化技术、文化资本等文化产业资源因素；文化产品需求、文化产品供给等文化产业供求因素；文化产品创作国际化、文化产品标准和制度国际化、文化产品市场国际化、文化贸易等文化产

① 赵佳佳．辽宁文化产业发展与产业结构升级［J］．产业组织评论，2013（1）：92-99.

业国际化因素。

第 4 章，文化产业结构安全评价。在阐述文化产业结构安全评价方法的基础上，构建了文化产业结构安全评价指标体系，并运用经济统计数据对我国文化产业结构安全状况做出评价。

第 5 章，世界其他国家维护文化产业结构安全的经验借鉴。总结美国、日本和韩国维护文化产业结构安全方面值得我国借鉴的经验。

1.3.2 研究技术路线

本书的研究技术路线图如图 1-3 所示。

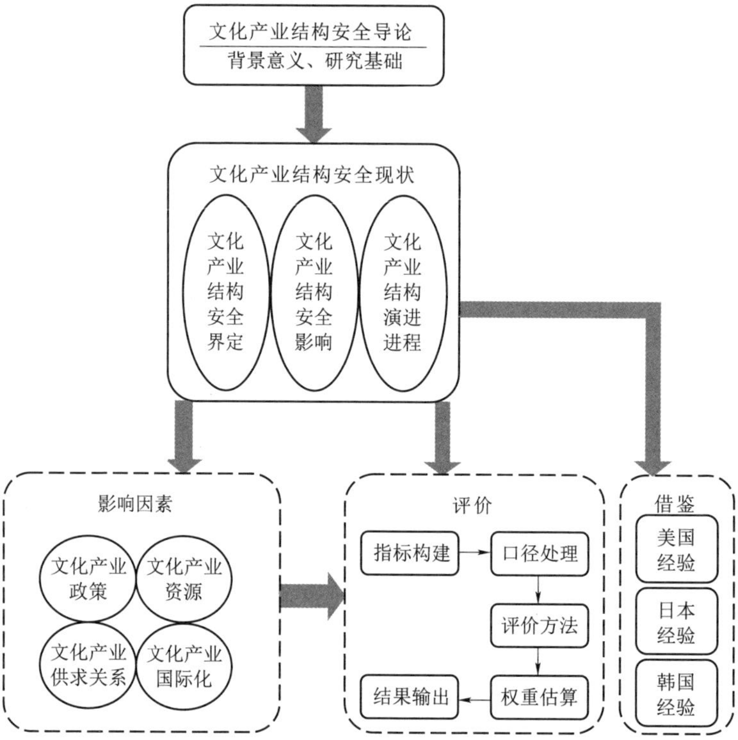

图 1-3 研究技术路线图

1.4 研究方法

(1) 文献研究法

通过对文献的搜集、整理和鉴别，对关于文化产业结构安全的基本含义、经济发展程度不同的地区文化产业结构安全、文化产业结构安全的实证研究、文化产业结构安全的影响机理研究等方面的现有文献进行梳理和总结，并从大量的文献中选取与本文研究内容关系比较紧密的文献作为参考资料，在获取了大量的数据支撑的同时也为本文确定了主要的研究方向。

(2) 比较研究法

本文在借鉴美国、日本和韩国文化产业结构调整经验的基础上，对文化产业结构的特征、文化产业结构形成的原因、文化产业结构对经济发展的影响、文化产业结构安全的维护等方面有了清晰的认识，为进一步提出维护我国文化产业结构安全的对策建议提供了理论基础。

(3) 规范分析法

本文所采用的规范分析法主要用于分析我国文化产业结构安全理论体系的构建，对文化产业结构安全概念的界定、文化产业结构安全的基本特征、文化产业结构安全的理论模型、文化产业结构安全的影响因素等方面进行了论述，并在此基础上进一步深入探讨影响文化产业结构安全的文化产业政策、文化产业资源、文化产业供求关系、文化产业国际化因素。

(4) 实证分析法

本文所采用的实证分析法主要用于分析我国文化产业结构安全的现状及存在的问题。在梳理我国文化产业结构调整历史沿革的基础上，根据我国现阶段文化产业结构调整的现状，以及对整个国民经济的影响，深入探讨我国文化产业结构安全现阶段存在的主要问题。同时，运用系统动力学方法构建文化产业结构安全评价指标体系，对我国现阶段的文化产业结构安全现状进行评价，并将此作为维护我国文化产业结构安全对策建议的理论基础。

1.5 研究创新

（1）文化产业结构安全概念的提出

文化产业结构安全应在产业结构安全理论的指导下，结合文化产业自身的特点进行界定。本研究认为，文化产业结构安全是指文化产业内部各细分行业间，以及各细分行业内部各部门间产业关联性适度，文化产业政策有利于该国文化的传播和文化产业的繁荣，主导产业具有一定的国际竞争力，且通过自身调整升级能够抵御外来的冲击和威胁，并能够通过文化贸易逐渐将本国文化传播到世界各个国家和地区。根据文化产业结构安全的这一内涵，可以看出文化产业结构安全的内容包括三个方面：第一，文化产业内部各细分行业间的结构比例是否有利于文化产业的结构升级；第二，文化产业结构政策是否与文化产业发展的总体目标相适应；第三，文化产业结构是否具有国际竞争力。

（2）文化产业结构安全理论体系的构建

本文在产业安全理论的指导下，使用科学的研究方法，结合文化产业结构安全的自身特点，构建了文化产业结构安全的一整套理论体系，包括：文化产业结构安全的含义、文化产业结构安全的理论模型、文化产业结构安全的主要影响因素。该理论体系的构建是对文化产业安全理论的完善和补充，同时也是后文讨论文化产业结构安全的影响机理、文化产业结构安全的评价，以及提出维护我国文化产业结构安全对策建议的基础。

（3）构建文化产业结构安全的评价体系

本文运用系统动力学方法，在明确文化产业结构安全评价体系应遵循系统性、相关性、可测性、可控性、阶段性、科学性、战略性、规范性、实用性的基础上，构建包括文化产业政策子系统、文化产业资源子系统、文化产业供求子系统和文化产业国际化子系统在内的 4 个子系统，并依据不同的权重，构建一套完整的文化产业结构安全评价指标体系，以作为文中评价中国文化产业结构安全的理论基础。

2 我国文化产业结构安全现状

2.1 文化产业结构安全界定

2.1.1 文化产业

文化产业不仅促进了一个国家和地区消费形态的转型，也推动了产业的升级与竞争。[①] 目前，文化产业的分类存在概念模糊、边界不清的问题，由此也给统计和研究工作带来了诸多的不便。

按照文化产业理论推理，文化产业可以分为产品层、服务层和交叉层三个层次，共 16 个门类，如图 2-1 所示。

第一部分：产品层（共 7 项）

音乐及表演艺术业、视觉艺术业、新闻及出版业、广播影视业、动漫及游戏业、工艺及古董业、数字内容（包括网络文化）业。

第二部分：服务层（共 4 项）

产品设计（工业设计、建筑设计、视觉传达设计、时尚品牌设计）、公关及广告业、节庆会展业、咨询服务业。

第三部分：交叉层（共 5 项）

文化旅游业、体育休闲业、文化设施应用、教育培训业，以及其他经中央机关认定的行业。

图 2-1　文化产业分类

① 向勇．文化产业导论［M］．北京：北京大学出版社，2015：58-63.

第一层产品层是以精神消费为直接目的、大多以版权为主要存在方式的行业，包括音乐及表演艺术业、视觉艺术业、新闻及出版业、广播影视业、动漫及游戏业、工艺及古董业、数字内容（包括网络文化）业，总共 7 项。第二层服务层是为其他行业提供创意服务的行业，包括产品设计（工业设计、建筑设计、视觉传达设计、时尚品牌设计）、公关及广告业、节庆会展业、咨询服务业。第三层交叉层是与科技、旅游、体育、文化事业、教育等相互交叉的行业，包括文化旅游业、体育休闲业、文化设施应用、教育培训业，以及其他经中央机关认定的行业。

但需要注意的是，在旅游业中，我们常常用“吃住行游购娱”来形容旅游行业，其中“吃住行”的部分就不完全是文化产业的范畴。在体育行业中，体育用品制造业就不属于文化产业的范畴。在文化设置应用中，公共文化服务的部分不属于文化产业的范畴，而博物馆中文物衍生品的开发则属于文化产业的范畴。在教育培训业中，义务教育和高等教育的部分不属于文化产业的范畴。

由于各国对文化产业采用不同的概念指称和定义，所以不同国家和地区有各自不同的产业门类统计选择，大致包括三大部分：艺术、工艺和古董等传统产业群；电视、广播和电影等现代产业群；软件、互动式休闲游戏等数字内容的新型产业群。不同国家和地区，在不同概念的指导下对这三大产业群采取了不同的组合，因而产生不同的类别，见表 2–1。

表 2–1　部分国家（地区、组织）文化产业的分类

国家/地区/组织	文化产业概念	文化产业的门类
联合国教科文组织	先采用“文化产业”，后改为“创意产业”	视觉艺术、表演艺术、工艺与设计、印刷出版、电影、广告、建筑设计、歌舞剧及音乐制作、多媒体、视听产品、文化观光、体育运动等
英国	创意产业	广告、建筑、艺术品和古玩市场、工艺品、设计、时装、电影与录像、互动休闲软件、音乐、表演艺术、出版、电脑软件、电视和广播等
韩国	内容产业	出版、漫画、音乐、游戏、电影、动画、广播、广告、肖像授权、教育和娱乐等
新西兰	创意产业	视觉艺术（精致艺术、工艺与古董）、设计、时尚设计、出版、电视与广播、电影及录像、广告、建筑、音乐与表演艺术、软件与电脑服务（包括休闲软件）等

续表

国家/地区/组织	文化产业概念	文化产业的门类
澳大利亚	创意产业	娱乐业及剧场、设计、文学出版杂志、电影电视、录像及广播、图书馆、社区文化发展、博物馆和美术馆、动物园和植物园、多媒体等
马来西亚	创意产业	电影录像和摄影、电视和广播、音乐、广告、表演艺术、印刷出版、艺术和古董业、建筑设计、时尚设计、互动游戏、信息技术和软件、研发、手工艺等
新加坡	创意产业	艺术与文化（包括摄影、表演及视觉艺术、艺术品与古董买卖、手工艺品）、设计（包括软件设计、广告设计、建筑设计、室内设计、平面产品及服装设计）、媒体（包括出版业、广播业、数字媒体及电影）等
中国香港	先采用“创意产业”，后改为“文化创意产业”	文化艺术（包括艺术、古董和工艺、音乐、表演艺术）、电子媒体（包括数字娱乐、电影与录像、软件与计算机、电视与广播）、设计（包括广告、建筑、设计、出版）等
中国澳门	“文化产业”“文化创意产业”同时使用	艺术收藏（古玩、艺术品拍卖、雕塑、绘画、书法、摄影、园艺等）、数码媒体（影视、漫画、书刊出版、电子出版、录像制品、游戏软件开发、动画、机械玩偶制作等）、文化展演（歌剧、音乐剧、戏剧、音乐、戏曲、艺术经纪代理、职业表演、舞蹈、节庆休闲活动、表演幕后服务等）、创意设计（时装、品牌设计、创意产品、纪念品设计、平面设计、广告、饰品、展览设计、建筑设计、室内设计、工业设计等）
中国台湾	文化创意产业	视觉艺术产业、音乐与表演艺术产业、文化展演设施产业、工艺产业、电影产业、广播电视产业、出版产业、广告产业、设计产业、数字休闲娱乐产业、设计品牌时尚产业、创意生活产业、建筑设计产业等

在中国，文化产业的统计指标经历了两次调整。2004 年，国家统计局颁布了《文化及相关产业分类》（2004），将文化产业界定“为社会公众提供文化娱乐产品和服务的活动，以及与这些活动有关联的活动的集合”。据此，文化产业分为三大层次，共九个门类，并作为国家统计标准颁布实施。中国 2004 版文化及相关产业分类如图 2-2 所示。

随着文化体制改革的深入推进和文化产业的持续发展，为了适应国家标准《国民经济行业分类》和《2009 年联合国教科文组织文化

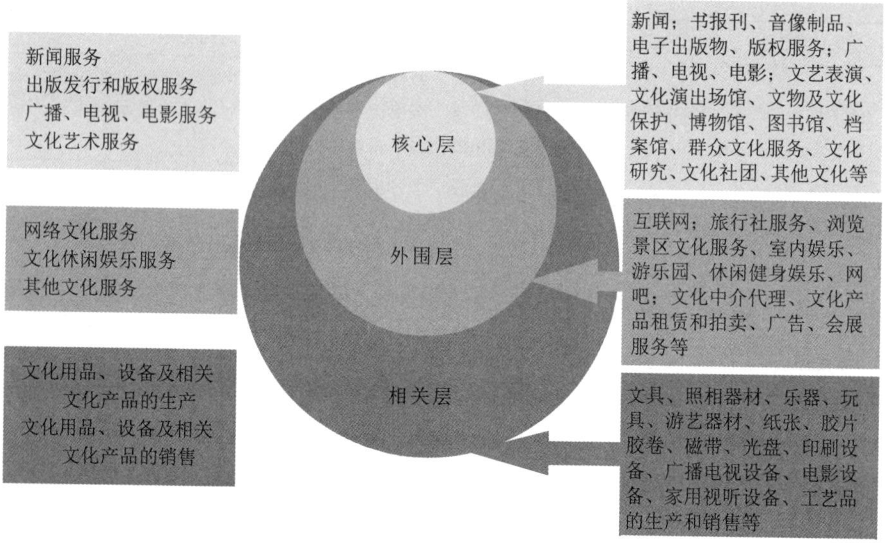

图 2-2　中国 2004 版文化及相关产业分类

统计框架》①，联合国教科文组织的文化统计框架如图 2-3 所示。2012 年国家统计局颁布了新修订的《文化及相关产业分类》(2012)。2012 版延续了 2004 版的分类标准，增加了与文化生产活动相关的创意、新业态、软件设计服务等内容和部分行业小类，减少了少量不符合文化及相关产业定义的活动类别。

2012 年版将中国文化及相关产业分为五层：第一层分为“文化产品的生产”和“文化相关产品的生产”两部分；第二层根据管理需要和文化生产活动的自身特点分为 10 个大类，即“新闻出版发行服务”“广播电视电影服务”“文化艺术服务”“文化信息传输服务”“文化创意和设计服务”“文化休闲娱乐服务”“工艺美术品的生产”“文化产品生产的辅助生产”“文化用品的生产”“文化专用设备的生产”等；第三层依照文化生产活动的相近性分为 50 个中类；第四层是具体的活动类别，共计 120 个小类；第五层是对含有部分文化生产活动的小类设置延伸层，共计 29 个。

《邓小平理论辞典》对文化产业做了如下阐述：文化产业是“从事文化

① 向勇．文化产业导论［M］．北京：北京大学出版社，2015：370.

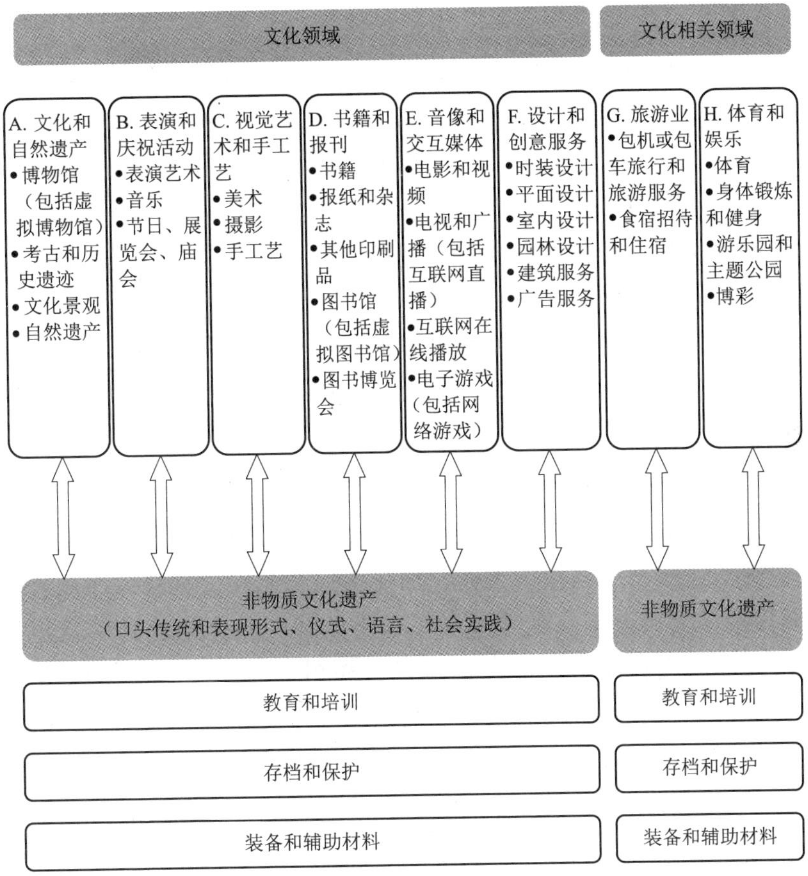

图 2-3 联合国教科文组织文化统计框架

产品生产和提供文化服务的经营性行业。包括演出业、影视业、音像业、文化娱乐业、文化旅游业、网络文化业、图书报刊业、文物和艺术品业，以及艺术培训业等行业门类。文化产业是社会生产力发展的必然产物，是随着我国社会主义市场经济体制的逐步完善和现代生产方式的不断进步而发展起来的新兴产业。发展文化产业是繁荣社会主义文化、满足人民群众精神文化需求的重要途径，是加快服务业发展、促进我国经济结构调整和产业结构升级的重要步骤，是适应经济全球化、积极参与国际竞争、增强我国综合国力的重大举措。发展文化产业对实现我国经济、政治、文化协调发展和全面建设小康社会的宏伟目标有巨大的现实意义和深远的战略意义。邓小平指出：‘思想文化教育卫生部门，都要以社会效益为一切活动的唯一准则，它们所属的企业也要以社会效益为最高准则。思想文化界要多出好的精神产品，要坚决制止坏产品的生产、进口和流传。’……社会主义文化产业要求把社会效益放在首位，做到社会效益和经济效益的统一，努力宣传科学真理、传播先进文化、塑造美好心灵、弘扬社会正气、倡导科学精神，努力通过市场实现文化产品和文化服务的经济价值。我国文化产业在整体上仍处于起步、探索、培育、发展的初级阶段。中共十六大报告指出，要完善文化产业政策，支持文化产业发展，增强我国文化产业的整体实力和竞争力。我国发展文化产业的主要措施包括推动国有经营性文化单位改革，逐步放宽市场准入政策，积极整合文化资源，用高新技术提升文化产业竞争力，实施‘走出去’的发展战略，扶持发展具有示范性、导向性的重点文化产业项目，加快社会化的现代流通组织建设，抓好文化产业人才培养工作，创造良好的文化市场环境，切实加强知识产权保护工作，加强文化产业理论和政策法规研究。”①

《现代经济词典》对文化产业做了如下阐述：文化产业是“从事文化产品生产，或提供文化服务，面向市场的经营性行业。它与公共文化事业不同。公共文化事业主要靠政府扶持或社会赞助，为公众提供公共文化服务。在我国，文化产业主要包括影视业、音像业、文化娱乐业、文艺演出业、文化旅游业、艺术培训业、艺术品业等。在一些国家，文化产业所包括的范围很广泛，包括了文化艺术业、广播电影电视业、新闻出版和音像业、信息网络业、教育业、广告业、旅游业、体育业、咨询业等。”②

《现代汉语新词语词典》对文化产业做了如下阐述：文化产业“指以文化产品的生产、流通、消费和文化服务与消费为主体对象的产业门类。包括娱乐业、演出业、电影业、出版业、音像业、文献信息业、文艺艺术培训业等。”③

《中华人民共和国国情词典》对文化产业做了如下阐述：文化产业“是以版权产业为核心的提供精神产品的生产和服务的产业，包括出版发行业、

① 余源培．邓小平理论辞典［M］．上海：上海辞书出版社，2012：663.
② 刘树成．现代经济词典［M］．南京：凤凰出版社，2005：1042.
③ 亢世勇，刘海润．现代汉语新词语词典［M］．上海：上海辞书出版社，2009.

新闻业、广播影视业、网络服务业、广告业、计算机软件业、信息及数据服务业等，以及与以上产业类型紧密相关的艺术创作业、艺术品制作业、演出业、娱乐业、文物业、教育业、体育业、旅游业等。文化产业是经济社会发展的必然要求。生产力的提高使人们的休闲时间大大增多，从而使人们产生了强烈的精神文化需要。在知识经济时代，文化产业日益成为最重要的支柱产业之一。当前，无论是发达国家还是发展中国家，都已把大力发展文化产业作为新的经济增长点。”①

文化产业是我国经济发展中的支柱产业，在国民经济发展中的地位与作用正不断提升。本文所界定的文化产业主要是指国民经济发展中，与文化传承和文化传播相关的产业和行业，包括出版业、广播电影电视业、新闻业、艺术品业、文艺演出业、会展业、文化旅游业。

2.1.2　文化产业结构

文化产业结构“首先是文化结构。是一种文化存在结构，然后才是经济结构，是文化生产、文化消费与文化需求结构的社会文化形态的经济方式体现。同时，它又是一定社会制度的文化反映，是社会生产关系的文化反映。它既和一定的社会生产力水平相适应，同时也是一定社会的文化生产力达到的高度的一种秩序性和关系性体现，因而是一种社会文化关系结构，是文化经济关系的社会存在形态，反映了一个国家文化经济的发展方向和发展总水平，制约着国家文化发展创造性能力的大小。因此，文化产业结构是指社会发展到一定阶段所形成的、反映着一定社会文化生产关系的文化再生产过程中文化产业间的相互联系和比例关系”。②

文化产业结构变动是文化产业间相互联系和比例变化的力学系统。文化产业结构的变动不仅会改变文化产业自身的比例关系与结构状态，而且由于产业的相关性还会导致其他产业的变动，进而带动进一步的产业分工和产业结构优化。它既包括产业内部细化的专业部门之间的相互关系，也包括社会再生产过程中大类产业之间的相互关系。因此，文化产业结构是一个立体的结构系统，它的任何变动都会引起这个立体系统的变动。

---

① 冯俊．中华人民共和国国情词典［M］．北京：中国人民大学出版社，2011.

② 胡惠林．文化产业学［M］．2 版．北京：清华大学出版社，2015：209.

2.1.3 文化产业结构安全

文化产业作为一个国家或地区文化软实力的体现，有着与其他产业不同的特点和属性，它既具有促进国民经济发展和调整产业结构升级的经济属性，同时也具有文化传播和提升国家软实力的文化属性。因此在定义文化产业结构安全时，要在不失其经济属性的同时，还要兼顾其文化属性。

文化产业结构被认为是“社会发展到一定阶段所形成的、反映着一定社会文化生产关系的文化再生产过程中文化产业间的相互联系和比例关系”。而产业结构安全理论认为产业结构安全是“一国产业部门处于相互适应、协调发展、持续增长的状态，支柱产业和战略产业由本国资本控制，且具有较强的国际竞争力，同时，该国的产业结构升级不依赖于外国产业的转移，能够通过自身升级抵御国内外不利因素的冲击”。

文化产业结构安全应在产业结构安全理论的指导下，结合文化产业自身的特点进行界定。本研究认为，文化产业结构安全是指文化产业内各细分行业间，以及各细分行业内部各部门间产业关联性适度，文化产业政策有利于该国文化的传播和文化产业的繁荣，主导产业具有一定国际竞争力，且通过自身调整升级能够抵御来自外部的冲击和威胁，并能够通过文化贸易逐渐将本国文化传播到世界各个国家和地区。

根据文化产业结构安全的这一内涵，可以看出文化产业结构安全的内容包括以下三个方面。

第一，文化产业内部各细分行业间的结构比例是否有利于文化产业的结构升级。文化产业覆盖的范围很广，既包括文化内容的发展、文化产品的制造，也包括文化内容的翻印传播、文化交流。根据联合国第三次修订的国际标准产业分类，文化产业包括 4 大门类，23 个小项。各细分行业间的比例关系，以及各细分行业内部各部门之间的比例关系是否符合国民经济产业结构升级的总体目标，是否有利于文化产业结构的调整和升级，是关系文化产业结构安全与否的一个方面。

第二，文化产业结构政策是否与文化产业发展的总体目标相适应。保护型产业政策有利于保护幼稚产业、弱小产业，促进其不断发展壮大；扶植型产业政策有利于扶植主导产业，促进其尽快占领国内、国际市场；援助型产业政策有利于挽救衰退的产业。在文化产业不同的发展阶段，如何制定不同的产业政策，是关系文化产业安全与否的又一个方面。

第三，文化产业结构是否具有国际竞争力。国际竞争力是衡量一个产业是否安全及可持续发展的重要标准之一。文化产业结构是否有利于提升文化产业的国际竞争力，是否能够促进该国文化贸易的发展，促进该国文化在各个国家或地区的传播，是关系到文化产业结构安全的第三个方面。

文化产业结构安全不仅关系到文化产业自身的发展，同时对整个国民经济结构的调整，产业结构的升级都存在一定的影响，因此研究文化产业安全，不仅有利于促进文化产业的繁荣发展，同时也能够更好地促进文化产业服务于其他产业，促进整个国民经济的发展和繁荣。

2.2 文化产业结构安全对文化产业发展的影响

2013 年我国文化产业增加值为 21 351 亿元，占国民生产总值的比重进一步增加，达到了 3.77%。尽管如此，与文化产业发展强国相比差距还很大，美国是当今世界文化产业发展最为成熟的国家之一，其文化产业增加值占 GDP 的比重高达 25%。我国文化产业的发展亟待文化产业结构的调整和升级，而文化产业结构的现状和比例关系是文化产业结构调整的重要决定因素。从产业安全的角度，不利于文化产业结构调整升级的状态都可被看作是对文化产业结构安全的威胁。

2.2.1 文化产业结构构成

（1）文化产业总体结构

文化产业是后工业时代的支柱产业，对经济影响举足轻重，并成为国家战略性产业。近年来，随着国家及各级政府对文化产业发展的重视，我国文化产业得到了迅速的发展，年均增长幅度为 16%～20%，远超过国民生产总值的增长幅度。但是，我国文化产业增加值占 GDP 比重却很低，对经济增长的贡献度不大，与文化产业发展较高的国家相比，我国文化产业增加值占 GDP 比重要远低于其他国家 10% 的平均水平，2006—2013 年我国文化产业增加值占 GDP 比重如图 2-4 所示。

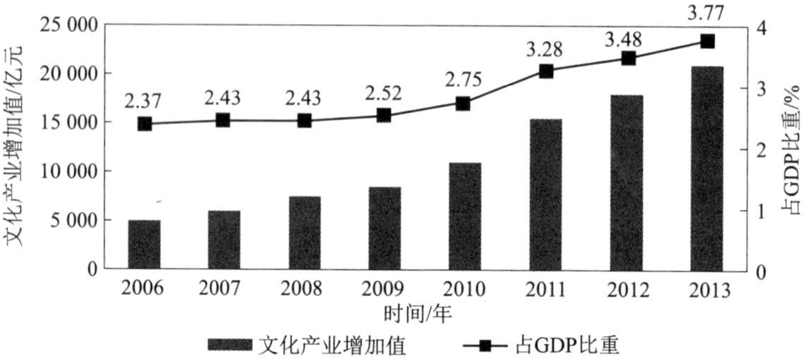

图 2-4 2006—2013 年我国文化产业增加值占 GDP 比重

数据来源：文化及相关产业增加值数据来自国家统计局，其中 2013 年数据来自《中国文化产业年度发展报告（2014）》，2006—2012 年数据按照《文化及相关产业分类》标准测算。

在我国文化产业的细分行业中新闻出版业、电影产业、广播电视产业、动漫产业、游戏产业、广告产业、艺术品经营业和演出产业是八个创造产值较高的细分行业。从文化产业各细分行业的经济发展数据来看，新闻出版业作为传统的文化产业，产业规模大，产值增长速度快。2012 年我国主要文化产业细分行业情况如图 2-5 所示。

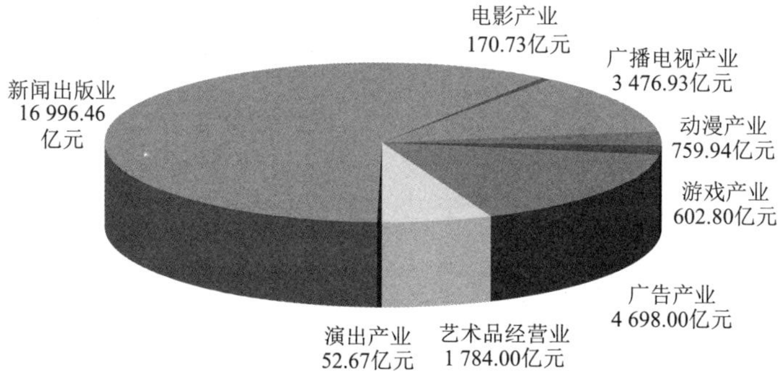

图 2-5 2012 年我国主要文化产业细分行业情况①②③

① 国家新闻出版广电总局 . 2012 年新闻出版产业分析报告［J］. 中国出版，2013（15）：6-20.

② 张瑶力，郑南 . 2012 年中国游戏产业报告［R］. 中国版协游戏工委，2013.

③ 中华人民共和国国家统计局 . 中国统计年鉴 2012［M］. 北京：中国统计出版社，2012.

2012 年，新闻出版业是文化产业中产值占比最大的产业，约占八个细分行业总产值的 60%。在除新闻出版业以外的其他行业中，广播电视产业和广告产业占比分别为 12.18% 和 16.46%，电影产业和演出产业所占比重均不足 1%。如此悬殊的差距造成了中国文化产业结构的不安全和不合理。

从与美国文化产业发展的对比来看，美国的文化产业结构中，占比重最大的是广播电视产业，占到了全美国文化产业市场份额的 46%，其次便是出版业，占到了文化产业市场份额的 20%，这两个产业不仅成为美国文化产业中的支柱产业，同时也是世界市场上的主导者，在国际广播电视市场和国际出版市场中都占有重要的地位。正是基于这样的文化产业结构，美国文化产业结构被认为有利于向合理化、高度化方向发展，是相对集中基础上的分散和在分散基础上的集中。

（2）文化产业法人单位的数量与构成

根据全国第三次经济普查数据，中国文化产业 2013 年法人单位数量与构成见表 2-2。2013 年全国“文化产品的生产”部分拥有法人单位 658 897 户，占全国文化产业法人单位总数的 71.74%；“文化相关产品的生产”部分拥有法人单位 259 585 户，占全国文化产业法人单位总数的 28.26%。在“文化产品的生产”部分，文化企业数量为 528 933 户，占“文化产品的生产”部分比重为 80.28%；文化事业单位数量为 129 964 户，占“文化产品的生产”部分比重为 19.72%。在“文化相关产品的生产”部分中，文化企业数量为 256 682 户，占“文化相关产品的生产”部分比重为 98.88%；文化事业单位数量仅有 2 903 户，占“文化相关产品的生产”部分比重为 1.12%。

表 2-2　中国文化产业 2013 年法人单位数量与构成

部分	单位	法人单位		
		合计	文化企业	文化事业单位
全部	数量/户	918 482	785 615	132 867
	比重/%	100.00	85.53	14.47
文化产品的生产	数量/户	658 897	528 933	129 964
	比重/%	71.74	57.59	14.15

续表

部分	单位	法人单位		
		合计	文化企业	文化事业单位
文化相关产品的生产	数量/户	259 585	256 682	2 903
	比重/%	28. 26	27. 94	0. 32

说明：表中比重数据均为占全部法人单位的比重。

数据来源：第三次全国经济普查。

在我国文化产业中，各大类文化产业的法人单位数量差别明显。其中，文化创意和设计服务、文化产品生产的辅助生产、文化休闲娱乐服务、文化艺术服务、文化用品的生产、工艺美术品的生产等 6 个大类的法人单位数量相对较多，分别为 248 416 户、133 075 户、131 969 户、123 062 户、114 024 户、90 019 户，占全国文化产业法人单位的比重分别是 27. 0%、14. 5%、14. 4%、13. 4%、12. 4%、9. 8%。同时，文化信息传输服务、新闻出版发行服务、广播电视电影服务、文化专用设备的生产等 4 个大类的法人单位数量最少，分别为 23 594 户、22 925 户、18 912 户、12 486 户，占全国文化产业法人单位的比重分别是 2. 6%、2. 5%、2. 0%、1. 4%。

（3）文化产业的就业数量与构成

根据第三次全国经济普查数据，中国文化产业 2013 年从业人员数量与构成见表 2-3。2013 年全国文化产业就业人数为 17 599 926 人，其中，“文化产品的生产”部分和“文化相关产品的生产”部分从业人员分别为 10 334 544 人和 7 265 382 人，分别占比为 58. 72% 和 41. 28%。在“文化产品的生产”部分，文化企业从业人员数量为 8 245 850 人，占“文化产品的生产”部分比重为 79. 79%；文化事业单位从业人员数量为 2 088 694 人，占“文化产品的生产”部分比重为 20. 21%。在“文化相关产品的生产”部分中，文化企业从业人员数量为 7 236 836 人，占“文化相关产品的生产”部分比重为 99. 61%；文化事业单位从业人员数量仅有 28 546 人，占“文化相关产品的生产”部分比重为 0. 39%。

表 2-3　中国文化产业 2013 年从业人员数量与构成

部分	单位	法人单位		
		合计	文化企业	文化事业单位
全部	数量/人	17 599 926	15 482 686	2 117 240
	比重/%	100. 00	87. 97	12. 03

续表

部分	单位	法人单位		
		合计	文化企业	文化事业单位
文化产品的生产	数量/人	10 334 544	8 245 850	2 088 694
	比重/%	58.72	46.85	11.87
文化相关产品的生产	数量/人	7 265 382	7 236 836	28 546
	比重/%	41.28	41.12	0.16

说明：表中比重数据均为占全部法人单位的比重。

数据来源：第三次全国经济普查。

在我国文化产业中，各大类文化产业的从业人员数量差别明显。其中，文化用品的生产、文化创意和设计服务、工艺美术品的生产、文化产品生产的辅助生产等4个大类的从业人员数量明显较多，分别为4 199 437人、2 925 832人、2 461 918人、2 456 838人，占全国文化产业从业人员总数的比重分别为23.86%、16.62%、13.99%、13.96%。同时，文化艺术服务、文化休闲娱乐服务、文化信息传输服务、新闻出版发行服务、文化专用设备的生产、广播电视电影服务等6个大类的从业人员数量较少，分别为1 558 118人、1 459 295人、680 813人、667 844人、609 107人、580 724人，占全国文化产业从业人员总数的比重分别为8.85%、8.29%、3.87%、3.79%、3.46%、3.30%。

（4）文化产业的资产数量与构成

根据第三次全国经济普查数据，中国文化产业2013年资产数量与构成见表2-4。2013年全国文化产业资产总额为103 407.11亿元，其中，“文化产品的生产”部分和“文化相关产品的生产”部分资产总额分别为66 794.95亿元和36 612.16亿元，分别占比为64.59%和35.41%。在“文化产品的生产”部分，文化企业资产数量为58 932.78亿元，占“文化产品的生产”部分比重为88.23%；文化事业单位资产数量为7 862.17亿元，占“文化产品的生产”部分比重为11.77%。在“文化相关产品的生产”部分中，文化企业资产数量为36 489.28亿元，占“文化相关产品的生产”部分比重为99.66%；文化事业单位资产数量仅有122.88，占“文化相关产品的生产”部分比重为0.34%。

表 2-4 中国文化产业 2013 年资产数量与构成

部分	单位	法人单位		
		合计	文化企业	文化事业单位
全部	数量/亿元	103 407. 11	95 422. 06	7 985. 05
	比重/%	100. 00	92. 28	7. 72
文化产品的生产	数量/亿元	66 794. 95	58 932. 78	7 862. 17
	比重/%	64. 59	56. 99	7. 60
文化相关产品的生产	数量/亿元	36 612. 16	36 489. 28	122. 88
	比重/%	35. 41	35. 29	0. 12

说明：表中比重数据均为占全部法人单位的比重。

数据来源：第三次全国经济普查。

在我国文化产业中，各大类文化产业的资产数量差别明显。其中，文化用品的生产、文化创意和设计服务、文化产品生产的辅助生产 3 个大类的资产总额明显较大，分别为 21 068. 12 亿元、19 597. 00 亿元、12 068. 94 亿元，占全国文化产业资产总额的比重分别为 20. 37%、18. 95%、11. 67%。同时，工艺美术品的生产、文化休闲娱乐服务、文化信息传输服务、新闻出版发行服务、广播电视电影服务、文化艺术服务、文化专用设备的生产等 7 个大类的资产总额相对比较小，分别为 10 258. 41 亿元、10 118. 10 亿元 、7 378. 20 亿元 、6 930. 07 亿元、6 719. 29 亿元、5 793. 88 亿元、3 475. 10 亿元，占全国文化产业资产总额的比重分别为 9. 92%、9. 78%、7. 14%、6. 70%、6. 50%、5. 60%、3. 36%。

（5）文化产业的产出数量与构成

根据第三次全国经济普查数据，中国文化产业 2013 年营业收入数量与构成见表 2-5，中国文化产业 2013 年主营业务收入数量与构成见表 2-6。2013 年全国文化产业营业收入、主营业务收入分别为 83 743. 44 亿元、82 610. 98 亿元，其中，“文化产品的生产”部分文化产业营业收入、主营业务收入分别为 38 180. 31 亿元、37 655. 54 亿元；“文化相关产品的生产”部分文化产业营业收入、主营业务收入分别为 45 563. 13 亿元、44 955. 44 亿元。

在“文化产品的生产”部分，规模以上文化企业营业收入、主营业务收入分别为 26 954. 34 亿元、26 594. 97 亿元，合计占“文化产品的生产”部分比重为 70. 6%；规模以下文化企业营业收入、主营业务收入分别为 11 225. 97 亿元、11 060. 57 亿元，合计占“文化相关产品的生产”部分比重为 29. 4%。在“文化相关产品的生产”部分，规模以上文化企业营业收入、主营业务收入分别为 37 046. 35 亿元、36 540. 64 亿元，合计占“文化相关产品的生产”部分比重为 81. 3%，规模以下文化企业营业收入、主营业务收入分别为 8 516. 78 亿元、8 414. 80 亿元，合计占“文化相关产品的生产”部分比重为 18. 7%。

表 2-5 中国文化产业 2013 年营业收入数量与构成

部分	单位	文化企业		
		合计	规模以上	规模以下
全部	数量/亿元	83 743. 44	64 000. 69	19 742. 75
	比重/%	100. 00	76. 42	23. 58
文化产品的生产	数量/亿元	38 180. 31	26 954. 34	11 225. 97
	比重/%	45. 59	32. 19	13. 40
文化相关产品的生产	数量/亿元	45 563. 13	37 046. 35	8 516. 78
	比重/%	54. 41	44. 24	10. 17

说明：表中比重数据均为占全部文化企业的比重。

数据来源：第三次全国经济普查。

表 2-6 中国文化产业 2013 年主营业务收入数量与构成

部分	单位	文化企业		
		合计	规模以上	规模以下
全部	数量/亿元	82 610. 98	63 135. 61	19 475. 37
	比重/%	100. 00	76. 43	23. 57
文化产品的生产	数量/亿元	37 655. 54	26 594. 97	11 060. 57
	比重/%	45. 58	32. 19	13. 39
文化相关产品的生产	数量/亿元	44 955. 44	36 540. 64	8 414. 80
	比重/%	54. 42	44. 24	10. 18

说明：表中比重数据均为占全部文化企业的比重。

数据来源：第三次全国经济普查。

中国文化产业2013年各大类营业收入、主营业务收入，见表2-7。在全国各大类文化产业中，2013年文化用品的生产大类的产出规模非常大，其营业收入和主营业务收入分别为29 190.37亿元和28 743.63亿元，分别占全国文化产业产出的34.9%和34.8%。此外，工艺美术品的生产、文化创意和设计服务、文化产品生产的辅助生产3个大类的产出规模也较大，其营业收入分别为15 991.89亿元、12 016.53亿元、10 560.41亿元，分别占全国文化产业营业收入的19.1%、14.3%、12.6%，而它们的主营业务收入分别为15 888.19亿元、11 889.86亿元、10 448.60亿元，分别占全国文化产业主营业务收入的19.2%、14.4%、12.6%。

2013年文化专用设备的生产、新闻出版发行服务、文化信息传输服务、文化休闲娱乐服务、广播电视电影服务、文化艺术服务等6大类的产出规模相对较小，其营业收入分别为5 812.35亿元、3 264.13亿元、3 069.20亿元、1 911.93亿元、1 244.22亿元、682.41亿元，占全国文化产业产出的比重分别为6.9%、3.9%、3.7%、2.3%、1.5%、0.8%，而它们的主营业务收入分别为5 763.20亿元、3 176.88亿元、2 997.88亿元、1 858.58亿元、1 178.09亿元、666.05亿元，占全国文化产业产出的比重分别为7.0%、3.8%、3.6%、2.2%、1.4%、0.8%。

表2-7 中国文化产业2013年各大类营业收入、主营业务收入

大类	营业收入		主营业务收入	
	金额/亿元	比重/%	金额/亿元	比重/%
新闻出版发行服务	3 264.13	3.9	3 176.88	3.8
广播电视电影服务	1 244.22	1.5	1 178.09	1.4
文化艺术服务	682.41	0.8	666.05	0.8
文化信息传输服务	3 069.20	3.7	2 997.88	3.6
文化创意和设计服务	12 016.53	14.3	11 889.86	14.4
文化休闲娱乐服务	1 911.93	2.3	1 858.58	2.2
工艺美术品的生产	15 991.89	19.1	15 888.19	19.2
文化产品生产的辅助生产	10 560.41	12.6	10 448.60	12.6
文化用品的生产	29 190.37	34.9	28 743.63	34.8
文化专用设备的生产	5 812.35	6.9	5 763.20	7.0

数据来源：第三次全国经济普查。

2.2.2 文化产业结构政策

各个国家的产业结构政策都有不同的倾向。美国作为市场化程度最高、经济最发达的国家，在文化产业结构政策方面采取“适时而变”“无为而治”的政策，通过各种资助文化产业发展的捐赠制度，及各种非营利文化组织设立的基金会来促进各个文化部门、各种文化产业的协调发展。英国在制定文化产业结构政策时，所选的产业均是国内较为成熟的产业，产业结构上下游完整，确保各个产业部门能够互为供给，相互支撑。

近年来，我国各级政府部门相继出台了多项扶持文化产业发展的政策措施，以此促进文化产业结构的调整和升级。2009 年国务院出台了《文化产业振兴规划》，这是新中国成立以来文化产业的第一次专项规划。该规划为加大文化产业政策扶持力度，完善产业政策体系，推动产业跨越式发展提供了政策支持。同年，作为《文化产业振兴规划》的细则性补充，文化部出台的《文化部文化产业投资指导目录》，详细列出了鼓励与限制的文化产业类别，为投资者提供了一个可靠的投资指南。《国务院关于推进文化创意和设计服务与相关产业融合发展的若干意见》（国发〔2014〕10 号）中指出了到 2020 年我国文化创意和设计产业发展的重点任务，以及具体政策措施，为文化产业的发展提供了方向和目标。

我国文化产业结构政策的总体原则是“大力发展大众文化，努力扶持高雅文化”。文化产业化的一个基础方针就是使文化产业能够更加通俗易懂、贴近大众。而文化产业的消费者水平并不一致，有的消费者对高雅文化有消费偏好和追求，因此从产业发展和产业结构调整的角度，既要兼顾高雅文化产业的发展，也要顾及大众文化产业的繁荣。但在我国文化产业发展才刚刚起步，完整的产业链条尚未完成，文化产业结构政策没有给予文化产业有效的指导和扶持，到底是应该挽救文化产业，还是应该扶植文化产业，抑或是保护文化产业，这些都有待于进一步研究和探讨。

2.2.3 文化产业结构国际竞争力

文化产业被认为是历史文化资源密集型产业，文化资源的丰裕程度是文化产业发展的基础。尽管中国文化资源丰富，但市场化程度不高，这使文化资源的开发与利用面临诸多的障碍。与世界主要发达国家相比，中国的信息化程度和城市化进程都不高，而城市化在文化产业发展中起到了基础性的根基作用，文化的传播也要依靠网络信息技术为其提供便捷的流通渠道。由此看出提高中国文化产业国际竞争力的先决条件是生产要素的升级。

同时，文化产业的国际竞争力还体现在文化产业的供需关系上。一方面，从国内的需求与供给方面看，我国居民文化产品的消费层次比较低，消费结构单一；另一方面，中国文化产品贸易存在出口单价低、进口单价高的情况，中国出口的文化产品主要基于低成本优势，文化贸易结构存在严重的不合理。制造型、资源型文化产业资源丰富，占比较高，而创意型文化产业发展不足。

由于我国文化产业发展起步较晚，文化产业的发展尚处于一个粗放型的发展阶段，与我国的总体经济实力也并不相称。一方面体现在竞争能力弱，另一方面则体现在文化产业整体实力不强，在国际竞争中处于劣势。美国文化产业国际竞争力较强的原因之一在于其产业集中度较高，以美国出版产业为例，该产业排名前 4 位的企业总收入占到了该产业总收入的 30%，收入排名前 20 的企业总收入占到该产业总收入的 85% 以上。反观我国的出版产业，排名出版产业收入前 20 名的企业总收入也只占到全产业总收入的 20% 左右，而前 4 位的企业总收入只占到该产业总收入的 6%。在中国，文化产业没有大的企业引领产业的发展，是文化产业发展中的一个弱势。提升大企业的市场集中度，调整文化产业内部结构，是提升中国产业结构国际竞争力一个亟待解决的问题。

2.3 中国文化产业结构演进

2.3.1 文化产业结构演进进程

研究产业结构的相关论述有很多，有的学者认为解决所有制结构问题是促进产业结构优化升级的关键①，有的学者认为第三产业在国民经济中决定

① 陈东琪．产业结构调整的新思路：《中国所有制结构与产业结构的耦合研究》序［J］．中国社会科学院研究生院学报，2002（3）：107-108.

着产业结构发展的全局[①]。文化产业是第三产业的重要组成部分，它是按照工业标准，生产、再生产、储存，以及分配文化产品和服务的一系列活动。[②]

产业结构的演进是分工深化的结果。社会分工经历自然分工、工场手工业分工、机器大工业分工、区域分工和国际分工等以技术为逻辑的演变过程，到 20 世纪后期进入文化与经济相互交融的时代。产业发展要求得到文化支撑，文化传播以产业化的形式发展，文化成为企业、地区和国家竞争力的核心要素之一，成为综合国力的重要组成部分。于是，文化产业应运而生。

随着分工进一步细化，非生产劳动与生产劳动，精神劳动与物质劳动进一步分离，文化产业的发展和扩张又推动了文化产业内部的分工演进。产品价值链的变化引发了技术开发路径的改变，很多技术开发着眼于把抽象文化体现在具体产品中。这样，文化成为技术开发的一个重要兴奋点，进而成为引领产业结构调整和文化产业结构演进的重要力量。如今，以文化娱乐业、文化设计业、传媒产业等为代表的迅速发展的文化产业，成为第三产业的领头羊；网络文化业、信息文化业等新兴的文化产业也迅猛崛起。同时，文化还渗透到了餐饮业、商业等传统第三产业中，提升了这些产业的层次，衍生出商业文化、网络文化、饮食文化等新的文化形态，使餐饮和商业逐渐成为文化产业的构成行业。由此，以文化为逻辑特征的文化产业结构得到了充分的演进。

我国拥有着数千年的文明史，有世界上最多的历史文化古迹，有着光辉灿烂的历史文化成果。然而，在封闭的小农经济占主体的封建经济制度下，文化不能转为生产力，更谈不上产业化发展，它只能作为文化活动来表达人们内心情感和对未知世界的神秘向往。知识性、精神性生产者，即基于人自身能力和素质的专门脑力劳动者，即使有交易行为，只能说是文化产品的创作者个人本身的经济行为，并不存在文化产业化。

中华人民共和国成立后，全面建立了计划经济体制，所有和文化商品相关的生产、消费、流通都被纳入了大一统的计划经济模式中。文化生产不是

---

① 李江帆．第三产业的产业性质、评估依据和衡量指标［J］. 华南师范大学学报（社会科学版），1994（3）：5-13.

② 欧阳友权．文化产业通论［M］. 长沙：湖南人民出版社，2006：115-117.

根据市场需要和消费需要来产生，而主要是根据政治命令来形成。文化商品生产和文化市场所有的成本和风险都由政府承担。文化市场无法在文化资源配置中发挥基础性作用，文化产业结构演进在文化产品的静止计划状态下，也处于几乎静止的状态。文化知识作为意识形态的一个部门，发挥着宣传党的方针政策的功能，文化部门属于事业单位，文化消费属于公共福利事业。

改革开放以后，国家政治和经济结构的巨大变化，推动着中国文化形态和文化消费形态发生了巨大的变动，并进一步促进了文化产业结构的调整。文化市场在文化资源配置中开始发挥着基础性的作用，文化产业的生产关系和文化产业的生产力发生了明显的形态转型。

从 1978 年至 20 世纪 80 年代中期，文化流通领域的发展标志着文化产业的起步，原有的文化观念开始发生着变化，文化消费开始由公共福利事业转向个人消费领域。由于当时生产力水平和制度所限，传统文化产业在整个文化产业中占据主体地位，而以现代传媒产业为主体的现代文化产业还处在萌芽状态，十分弱小。

从 20 世纪 80 年代中期到 20 世纪 90 年代初期，以大量的广告公司和演艺公司的出现为特征，在文化制造业和文化服务业领域内涌现出了一批企业，文化市场中出现了明显的产业化的趋势。

从 20 世纪 90 年代中期到 20 世纪 90 年代末期，我国文化产业得到了快速发展。1992 年，我国政府明确提出了“文化产业”的概念。1998 年，文化部设立了文化产业司。在这个阶段，我国政府开始把发展文化产业纳入政府工作的体系，这为文化产业的快速发展铺平了道路。以影视制作公司的出现为标志，文化产业化从中小企业扩展到国有大型企业，从流通业扩展到制造业和服务业，文化产业的进一步发展有效地促进了国民经济的发展。

从 20 世纪 90 年代末期到 21 世纪初期，我国的文化产业进入了规范发展的轨道。党的十六大明确提出了“积极发展文化事业和文化产业”“完善文化产业政策，支持文化产业发展，增强我国文化产业的整体实力和竞争力”的决策。我国加入世贸组织后，文化产业在受到世贸规则和外来的文化资本有力挑战的同时也迈上了规范的发展道路。

据统计，我国文化产业增加值 1998 年为 207.62 亿元，2001 年为 210.68 亿元，2002 年发展到 250 亿元，比 2001 年增长 18.66%。

从21世纪初期至今，我国文化产业进入了加速发展时期。2006年我国文化产业实现增加值5 123亿元，按可比价值计算，比2005年增长17.1%。

在2005年比2004年增长18.7%的基础上，继续保持高速增长的势头。2006年文化产业的年增加速度，高出同期GDP增长速度6.4个百分点，高出同期第三产业增长速度6.8个百分点。2006年，文化产业对GDP增长的贡献率为3.41%，拉动GDP增长0.36个百分点。这表明我国文化产业发展已处于快速发展时期，对国民经济发展的促进作用日益明显。①

权威统计数字传递出了非常清晰的信息：我国新兴文化产业的规模已经超过传统文化产业部门，整个文化产业结构发生了重大变化。根据2005年首次公布的文化产业统计数字，我国改革开放以来发展起来的新兴文化产业，如网络文化、休闲娱乐、文化旅游、广告会展等，从业人员已超出以新闻出版、广播电影电视，以及演艺等构成的传统文化产业部门近一倍，创造的价值已接近传统行业。这些新兴文化产业部门依靠灵活的体制环境和较高的技术装备程度，发展速度超过了传统文化产业领域。可以预见，如果文化体制改革在短时间内没有较大突破，增量资本将可能越来越向新兴文化产业领域集中，传统文化产业领域将被边缘化。

2.3.2 文化产业结构演进特点

（1）文化生产业比重远大于文化服务业比重

2013年中国各大类文化产业经济指标比重，见表2-8。在全国10个文化产业大类中，文化用品的生产、工艺美术品的生产、文化创意和设计服务、文化产品生产的辅助生产等4个大类的产出规模相对较大，2013年这些产业的两项产出指标的比重都超过了10%。其中，这4个大类所占全国文化产业营业收入的比重分别为34.9%、19.1%、14.3%、12.6%，占全国文化产业净利润的比重分别为26.3%、12.7%、15.4%、12.3%。

2013年全国文化产业从业人员数量中，文化用品的生产、文化创意和设计服务、工艺美术品的生产、文化产品生产的辅助生产等4个大类占比重较大，分别为27.1%、18.4%、15.9%、15.7%，同时，这4大产业占全国文化产业资产总额的比重也相对较大，分别为22.1%、20.4%、

① 数据来源：国家统计局在深圳举行的第三届文化战略发展论坛上公布的数据。

10.8%、12.5%。

表 2-8 2013 年中国各大类文化产业经济指标比重 单位：%

大类	从业人员数	资产总额	营业收入	净利润
文化用品的生产	27.1	22.1	34.9	26.3
工艺美术品的生产	15.9	10.8	19.1	12.7
文化产品生产的辅助生产	15.7	12.5	12.6	12.3
文化专用设备的生产	3.9	3.6	6.9	4.9
文化生产业合计	62.6	49.0	73.5	56.2
文化创意和设计服务	18.4	20.4	14.3	15.4
新闻出版发行服务	3.6	6.7	3.9	5.8
文化信息传输服务	3.8	7.2	3.7	16.0
文化休闲娱乐服务	7.6	9.4	2.3	1.9
广播电视电影服务	1.7	4.4	1.5	4.1
文化艺术服务	2.3	2.9	0.8	0.6
文化服务业合计	37.4	51.0	26.5	43.8

数据来源：第三次全国经济普查。

（2）“高关注度”文化产业产出份额较大

所谓“高关注度”文化产业就是当代中国文化产业发展中的战略重点产业。根据《中共中央关于深化文化体制改革推动社会主义文化大发展大繁荣若干重大问题的决定》，我国应发展壮大出版发行、影视制作、印刷、广告、演艺、娱乐、会展等传统文化产业，加快发展文化创意、数字出版、移动多媒体、动漫游戏等新兴文化产业。在“高关注度”文化产业中，有 12 个产业被认为是传统文化产业，即新闻服务、出版服务、发行服务、广播电视服务、电影和影视录音服务、文艺创作与表演服务、广告服务、娱乐休闲服务、版权服务、印刷复制服务、会展服务、景区游览服务；有 8 个产业被认为是“新兴”文化产业，即互联网信息服务、增值电信服务（文化部分）、广播电视传输服务、文化软件服务、建筑设计服务、专业设计服务、文化经纪代理服务、文化贸易代理与拍卖服务。2013 年全国文化产业主要经济指标中各“高关注度”文化产业中类所占比重，见表 2-9。

2013 年，全国文化产业从业人员数量、资产总额、营业收入、净利润 4 项指标中，“高关注度”文化产业所占比重分别为 49.0%、59.7%、37.95%、45.45%。与此同时，在“高关注度”产业的从业人员、资产总额、营业收入 3 项指标中，“新兴”文化产业所占的比重分别为 31.6%、32.2%、33.5%，其占“高关注度”产业净利润的比重达到了 40.0%。

表 2-9 2013 年全国文化产业主要经济指标中各“高关注度”文化产业中类所占比重

单位：%

类别	中类	从业人员	资产总额	营业收入	净利润
传统文化产业	新闻服务	0.1	0.2	0.05	0.05
	出版服务	1.7	4.1	1.6	3.9
	发行服务	1.8	2.4	2.2	1.9
	广播电视服务	0.5	1.3	0.5	1.8
	电影和影视录音服务	0.3	3.1	1.0	2.4
	文艺创作与表演服务	1.0	1.0	0.3	0.3
	广告服务	7.2	9.3	6.4	3.6
	娱乐休闲服务	4.8	2.4	1.3	0.3
	版权服务	0.1	0.1	0.1	0.1
	印刷复制服务	12.4	7.4	9.9	10.1
	会展服务	1.3	2.3	1.0	1.2
	景区游览服务	2.3	6.9	0.9	1.6
新兴文化产业	互联网信息服务	1.9	3.4	2.4	3.2
	增值电信服务（文化部分）	0.3	0.3	0.3	0.4
	广播电视传输服务	1.6	3.6	1.0	2.4
	文化软件服务	3.7	3.8	2.7	6.2
	建筑设计服务	4.7	4.8	3.5	4.2
	专业设计服务	2.7	2.4	1.7	1.3
	文化经纪代理服务	0.2	0.3	0.1	0.1
	文化贸易代理与拍卖服务	0.4	0.6	1.0	0.4
合计		49.0	59.7	37.95	45.45

数据来源：第三次全国经济普查。

（3）高技术文化产业占比较大

根据国家统计局颁布的《高技术产业（制造业）分类（2013）》和《高技术产业（服务业）分类（2013）》，中国文化产业中有9个小类属于高技术制造业，即其在国民经济行业中R&D（research and development，研究与开发）投入强度（即R&D经费支出占主营业务收入的比重）相对较高，同时还有15个小类属于高技术服务业，即采用高技术手段为社会提供服务活动的集合。据此，这24个小类统称为高技术文化产业，其2013年在全国文化产业主要经济指标中所占比重见表2-10。

表2-10 2013年全国高技术文化产业在全国文化产业主要经济指标中所占比重

单位：%

类别	中类	从业人员	资产总额	营业收入	净利润
高技术服务业	电子出版物出版	0.02	0.02	0.01	0.01
	其他出版业	0.07	0.12	0.02	0.04
	广播	0.07	0.08	0.05	0.06
	电视	0.39	1.22	0.48	1.71
	其他文化艺术业	0.62	1.03	0.27	0.15
	互联网信息服务	1.95	3.37	2.40	13.22
	其他电信服务	0.26	0.28	0.25	0.42
	有线广播电视传输服务	1.46	3.25	0.94	2.23
	无线广播电视传输服务	0.12	0.27	0.07	0.14
	卫星传输服务	0.02	0.03	0.01	0.02
	软件开发	3.58	3.70	2.67	5.97
	数字内容服务	0.14	0.11	0.08	0.28
	工程勘察设计	4.72	4.81	3.46	4.21
	专业化设计服务	2.68	2.43	1.69	1.31
	知识产权服务	0.12	0.09	0.07	0.10

续表

类别	中　类	从业人员	资产总额	营业收入	净利润
高技术制造业	电视机制造	1.49	2.71	5.00	5.51
	音响设备制造	2.03	0.79	1.54	0.90
	影视录放设备制造	1.44	1.03	2.39	1.46
	信息化学品制造	0.43	0.95	0.86	0.75
	其他电子设备制造	0.86	0.63	1.27	0.94
	广播电视节目制作及发射设备制造	0.07	0.09	0.09	0.07
	广播电视接收设备及器材制造	1.14	0.74	1.05	1.18
	应用电视设备及其他广播电视设备制造	0.32	0.36	0.46	0.59
	复印和胶印设备制造	0.55	0.38	0.83	0.58
合计		24.55	28.49	25.96	41.85

数据来源：第三次全国经济普查。

2013 年全国高技术文化产业的从业人员有 379.95 万人，资产总额为 27 205.40 亿元，营业收入达 21 739.79 亿元，企业净利润为 1 724.20 亿元，分别占文化产业比重为 24.55%、28.49%、25.96%、41.85%。2013 年，在全国文化产业从业人员数量、资产总额、营业收入、净利润中，高技术服务业占比重分别为 16.22%、20.81%、12.47%、29.87%，而高技术制造业所占比重分别为 8.33%、7.68%、13.49%、11.98%。

2.3.3 各区域文化产业结构现状

（1）各省（自治区、直辖市）文化产业的大类数量

2013 年全国有 30 个省（自治区、直辖市）拥有全部 10 个大类的文化产业，占比重达 96.8%。西藏拥有 9 个大类，没有文化专用设备的生产大类产业。2013 年全国各省（自治区、直辖市）文化产业营业收入中各大类构成占比如表 2-11 所示。

表 2-11 2013 年全国各省（自治区、直辖市）文化产业营业收入中各大类构成占比

单位：%

省（自治区、直辖市）	一	二	三	四	五	六	七	八	九	十
北京	10.8	4.1	1.9	9.3	30.9	0.7	18.0	9.6	12.7	2.0
天津	1.6	0.7	1.1	2.4	23.0	1.0	13.9	8.8	39.2	8.4
河北	4.9	0.6	0.4	3.4	7.5	3.1	16.2	24.9	32.5	6.4
山西	23.2	2.1	1.9	3.6	12.7	4.2	22.0	13.2	16.8	0.5
内蒙古	5.1	1.7	1.1	6.7	19.7	3.4	16.9	11.8	32.1	1.5
辽宁	4.0	1.0	0.6	4.4	15.9	3.2	17.7	15.6	28.6	9.1
吉林	14.9	2.0	1.0	10.4	12.0	3.5	11.2	29.0	15.5	0.6
黑龙江	16.2	3.0	1.5	3.8	10.4	6.1	16.0	21.0	21.6	0.5
上海	1.7	2.1	0.2	3.2	28.6	0.7	17.6	9.5	16.0	20.4
江苏	2.0	0.7	0.8	2.6	13.2	2.7	12.7	10.9	46.3	8.0
浙江	2.5	3.2	0.3	9.4	9.5	2.2	19.5	12.4	35.5	5.5
安徽	5.1	0.9	1.3	1.7	12.2	3.7	11.1	18.3	42.6	3.0
福建	2.2	0.9	0.3	1.4	10.2	2.4	44.5	11.0	23.0	4.2
江西	4.8	0.5	1.0	1.4	5.8	4.1	19.6	17.7	40.2	4.8
山东	2.0	0.4	0.5	0.7	5.8	2.4	22.6	14.7	45.0	5.9
河南	4.2	0.5	0.6	1.5	9.2	3.6	25.1	14.9	38.3	2.2
湖北	10.4	2.3	2.4	2.5	19.0	3.7	14.1	16.4	25.3	3.9
湖南	4.5	2.6	0.7	1.4	6.4	3.6	7.4	12.6	58.9	1.8
广东	1.7	0.7	0.2	3.7	11.8	1.0	24.7	11.5	36.2	8.5
广西	8.2	0.6	0.5	3.2	7.9	3.1	12.2	17.0	42.7	4.5
海南	8.6	2.8	1.1	3.3	22.6	10.0	4.2	5.4	41.7	0.2
重庆	4.1	1.2	0.9	2.0	15.7	2.7	16.6	9.8	46.7	0.4
四川	5.6	0.9	0.4	3.2	6.3	3.8	12.0	17.8	47.5	2.4
贵州	17.8	1.3	0.9	6.7	20.1	7.9	8.1	12.7	24.1	0.4
云南	10.8	1.4	1.7	5.8	17.1	5.9	29.0	17.2	9.9	1.1
西藏	9.1	2.7	4.5	0.7	35.4	12.2	20.1	12.0	3.4	0.0
陕西	11.4	5.6	14.8	2.7	17.8	8.9	11.4	15.1	10.4	1.9
甘肃	22.2	2.9	1.9	2.2	17.6	8.1	18.5	13.4	11.2	2.0

续表

省（自治区、直辖市）	一	二	三	四	五	六	七	八	九	十
青海	3.2	2.2	0.6	0.4	3.7	0.8	27.3	5.2	11.9	44.9
宁夏	11.0	3.5	0.9	4.3	25.3	13.3	5.0	18.5	16.6	1.6
新疆	26.2	2.1	0.5	3.8	30.1	2.7	12.5	10.2	11.4	0.5

说明：本表第一行中各数字代表：

一—新闻出版发行服务　二—广播电视电影服务

三—文化艺术服务　四—文化信息传输服务

五—文化创意和设计服务　六—文化休闲娱乐服务

七—工艺美术品的生产　八—文化产品生产的辅助生产

九—文化用品的生产　十—文化专用设备的生产

数据来源：第三次全国经济普查。

（2）各省（自治区、直辖市）文化产业大类构成的主要特征

2013年全国各省（自治区、直辖市）文化产业营业收入大类构成见表2-12。

第一，“文化用品的生产”大类在25个省（自治区、直辖市）文化产业营业收入中所占比重排名前三位。其中，该大类在天津、河北、内蒙古、辽宁、黑龙江、江苏、浙江、安徽、江西、山东、河南、湖北、湖南、广东、广西、海南、重庆、四川、贵州19个省（自治区、直辖市）文化产业营业收入中所占比重最大；在吉林、福建两个省各大类文化产业营业收入中排名第二位；在北京、山西、青海、宁夏4个省（自治区、直辖市）文化产业营业收入中排名第三位。

表2-12　2013年全国各省（自治区、直辖市）文化产业营业收入大类构成

单位：%

省（自治区、直辖市）	大　类	比重	大　类	比重	大　类	比重
北　京	文化创意和设计服务	30.9	工艺美术品的生产	18.0	文化用品的生产	12.7
天　津	文化用品的生产	39.2	文化创意和设计服务	23.0	工艺美术品的生产	13.9
河　北	文化用品的生产	32.5	文化产品生产的辅助生产	24.9	工艺美术品的生产	16.2

续表

省（自治区、直辖市）	大　类	比重	大　类	比重	大　类	比重
山　西	新闻出版发行服务	23.2	工艺美术品的生产	22.0	文化用品的生产	16.8
内蒙古	文化用品的生产	32.1	文化创意和设计服务	19.7	工艺美术品的生产	16.9
辽　宁	文化用品的生产	28.6	工艺美术品的生产	17.7	文化创意和设计服务	15.9
吉　林	文化产品生产的辅助生产	29.0	文化用品的生产	15.5	新闻出版发行服务	14.9
黑龙江	文化用品的生产	21.6	文化产品生产的辅助生产	21.0	新闻出版发行服务	16.2
上　海	文化创意和设计服务	28.6	文化专用设备的生产	20.4	工艺美术品的生产	17.6
江　苏	文化用品的生产	46.3	文化创意和设计服务	13.2	工艺美术品的生产	12.7
浙　江	文化用品的生产	35.5	工艺美术品的生产	19.5	文化产品生产的辅助生产	12.4
安　徽	文化用品的生产	42.6	文化产品生产的辅助生产	18.3	文化创意和设计服务	12.2
福　建	工艺美术品的生产	44.5	文化用品的生产	23.0	文化产品生产的辅助生产	11.0
江　西	文化用品的生产	40.2	工艺美术品的生产	19.6	文化产品生产的辅助生产	17.7
山　东	文化用品的生产	45.0	工艺美术品的生产	22.6	文化产品生产的辅助生产	14.7
河　南	文化用品的生产	38.3	工艺美术品的生产	25.1	文化产品生产的辅助生产	14.9
湖　北	文化用品的生产	25.3	文化创意和设计服务	19.0	文化产品生产的辅助生产	16.4
湖　南	文化用品的生产	58.9	文化产品生产的辅助生产	12.6	工艺美术品的生产	7.4
广　东	文化用品的生产	36.2	工艺美术品的生产	24.7	文化创意和设计服务	11.8
广　西	文化用品的生产	42.7	文化产品生产的辅助生产	17.0	工艺美术品的生产	12.2
海　南	文化用品的生产	41.7	文化创意和设计服务	22.6	文化休闲娱乐服务	10.0
重　庆	文化用品的生产	46.7	工艺美术品的生产	16.6	文化创意和设计服务	15.7
四　川	文化用品的生产	47.5	文化产品生产的辅助生产	17.8	工艺美术品的生产	12.0

续表

省（自治区、直辖市）	大　类	比重	大　类	比重	大　类	比重
贵　州	文化用品的生产	24.1	文化创意和设计服务	20.1	新闻出版发行服务	17.8
云　南	工艺美术品的生产	29.0	文化产品生产的辅助生产	17.2	文化创意和设计服务	17.1
西　藏	文化创意和设计服务	35.4	工艺美术品的生产	20.1	文化休闲娱乐服务	12.2
陕　西	文化创意和设计服务	17.8	文化产品生产的辅助生产	15.1	文化艺术服务	14.8
甘　肃	新闻出版发行服务	22.2	工艺美术品的生产	18.5	文化创意和设计服务	17.6
青　海	文化专用设备的生产	44.9	工艺美术品的生产	27.3	文化用品的生产	11.9
宁　夏	文化创意和设计服务	25.3	文化产品生产的辅助生产	18.5	文化用品的生产	16.6
新　疆	文化创意和设计服务	30.1	新闻出版发行服务	26.2	工艺美术品的生产	12.5

数据来源：第三次全国经济普查。

第二，“工艺美术品的生产”大类在23个省（自治区、直辖市）文化产业营业收入中所占比重排名前三位。其中，该大类在福建和云南两省的文化产业营业收入中所占比重最大；在北京、山西、辽宁、浙江、江西、山东、河南、广东、重庆、西藏、甘肃、青海12个省（自治区、直辖市）的文化产业营业收入中所占比重排名第二位；在天津、河北、内蒙古、上海、江苏、湖南、广西、四川、新疆9个省（自治区、直辖市）文化产业营业收入中所占比重排名第三位。

第三，“文化创意和设计服务”大类在18个省（自治区、直辖市）的文化产业营业收入中所占比重排名前三位。其中，该大类在北京、上海、西藏、陕西、宁夏、新疆6个省（自治区、直辖市）文化产业营业收入中所占比重排名第一位；在天津、内蒙古、江苏、湖北、海南、贵州6个省（自治区、直辖市）的文化产业营业收入中所占比重排名第二位；在辽宁、安徽、广东、重庆、云南、甘肃6个省（自治区、直辖市）的文化产业营业收入中所占比重排名第三位。

第四，“文化产品生产的辅助生产”大类在16个省（自治区、直辖市）文化产业营业收入中占比重排名前三位。其中，该大类在吉林省文化产业营业收入所占比重中中排名第一位；在河北、黑龙江、安徽、湖南、广西、四川、云南、陕西、宁夏9个省（自治区）文化产业营业收入所占比重中排名第二位；在浙江、福建、江西、山东、河南、湖北6个省文化产业营业收入占比中排名第三位。

第五，“新闻出版发行服务”大类在6个省（自治区、直辖市）文化产业营业收入所比重中排名前三位。在山西、甘肃两个省的文化产业营业收入所占比重中排名第一位；在新疆的文化产业营业收入所占比重中排名第二位；在吉林、黑龙江、贵州 3 个 省的文化产业营业收入所占比重中排名第三位。

3 影响文化产业结构安全的主要因素

3.1 文化产业政策

维护文化产业结构安全的最终目的是促进文化产业更好地发展，而积极促进文化产业的发展，首先要构建现代化文化产业体系。现代文化产业体系指的是结构合理、门类齐全、科技含量高、富有创意、竞争力强的产业体系。①

2012 年 2 月 15 日，中共中央办公厅、国务院办公厅印发的《国家“十二五”时期文化改革发展规划纲要》指出，要推进文化改革构建现代文化产业体系，具体要求包括：

> 构建结构合理、门类齐全、科技含量高、富有创意、竞争力强的现代文化产业体系，推动文化产业跨越式发展，使之成为新的经济增长点、经济结构战略性调整的重要支点、转变经济发展方式的重要着力点，为推动科学发展提供重要支撑。加快转变文化产业发展方式，促进从粗放型向集约型、质量效益型转变，增强文化产业整体实力和竞争力。实施一批重大项目，推进文化产业结构调整，发展壮大出版发行、影视制作、印刷、广告、演艺、娱乐、会展等传统文化产业，加快发展文化创意、数字出版、移动多媒体、动漫游戏等新兴文化产业。培育骨干企业，扶持中小企业，完善文化产业分工协作体系。鼓励有实力的文化企业跨地区、跨行业、跨所有制兼并重组，推动文化资源和生产要素向优势企业适度集中，培育文化产业领域战略投资者。规划建设各具特色的文化创业创意园区，支持中小文化企业发展。优化

① 王祎庆. 文化产业政策解读［M］. 北京：中国传媒大学出版社，2015：25-26.

文化产业布局，发挥东中西部地区各自优势，加强文化产业基地规划和建设，规范建设一批全国文化产业示范区，发展文化产业集群，提高文化产业规模化、集约化、专业化水平。加大对拥有自主知识产权、弘扬民族优秀文化的产业支持力度，打造知名品牌。发掘城市文化资源，发展特色文化产业，建设特色文化城市。发挥首都全国文化中心示范作用。推动文化产业与旅游、体育、信息、物流、建筑等产业融合发展，提升品牌价值，增加物质产品和现代服务业的附加值和文化含量。

我国现代文化产业体系建设尽管存在一些问题，但已形成一定规模。文化产业“结构合理”被认为是我国文化产业体系建设中的首要目标，从中也可以看出，结构合理、门类齐全对文化产业发展的重要作用。文化产业结构合理是文化产业结构安全的评价标准之一。因此，处理好文化产业政策与文化产业结构安全之间的关系显得尤为重要，这不仅有利于加快我国文化产业体系建设，更有利于维护文化产业结构安全。

文化产业区别于其他产业的一个特性是其产业融合程度比较高。文化产业的发展方式决定其不可能是单打独斗，必须与相关产业融合发展。党的十七届六中全会指出：“要推动文化产业与旅游、体育、信息、物流、建筑等产业融合发展，增加相关产业的文化含量，延伸文化产业链，提高附加值。”从这个角度看，文化产业结构安全与其他产业相比，受政策影响的程度更大，也更加复杂。对于文化产业来说，其不仅具有其他产业所具备的经济属性，同时还具有其他产业所不具备的文化属性，维护文化产业结构安全，不仅要考虑文化产业政策对文化产业各细分行业之间比例关系的影响，更要考虑文化产业政策对文化产业与其他产业相互融合的影响。文化产业与其他产业相互融合将产生新的业态，从而对文化产业结构产生新的影响，也对维护文化产业结构安全提出了更高的要求。

当前，我国文化产业与相关产业的融合发展还不够成熟，这就需要从优化产业融合发展的内外环境入手来制定和实施相关的政策。重视和鼓励文化产业与相关产业的交叉创新，为文化产业和相关产业的融合发展提供一个良好的技术平台。通过建立和顺应产业融合发展的政策与措施，为文化产业和其他产业的融合发展提供较为自由和宽松的发展环境。同时，消除部门和地区分割，形成统一开放、有序竞争的国内市场。对文化产业和相关产业融合发展的培育，将促进产业结构的优化升级和产业的关联性，实现对文化产业结构安全的预警与维护。①

3.1.1 人才政策

维护产业结构安全，促进产业结构升级，关键在创新，而创新的主体是人才，因此，文化产业发展中的人才政策对文化产业结构安全起着至关重要的作用。

2011 年 10 月 18 日中国共产党十七届六中全会通过了《中共中央关于深化文化体制改革推动社会主义文化大发展大繁荣若干重大问题的决定》，决定中指出：

> 推动社会主义文化大发展大繁荣，队伍是基础，人才是关键。要坚持尊重劳动、尊重知识、尊重人才、尊重创造，深入实施人才强国战略，牢固树立人才是第一资源思想，全面贯彻党管人才原则，加快培养造就德才兼备、锐意创新、结构合理、规模宏大的文化人才队伍。……高层次领军人物和专业文化工作者是社会主义文化建设的中坚力量。……基层文化人才队伍是文化改革发展的基础力量。……文化工作者要成为优秀文化的生产者和传播者，必须加强自身修养，做道德品行和人格操守的示范者。

中央文件如此明确地提出了文化产业人才政策，从宏观上将人才的发展作为文化产业发展的根基来对待，从根本上说是通过人才的发展来促进文化产业的创新，通过高层次人才的智力创新促进文化产业结构的升级，通过文化产业结构的升级或调整，使之达到一种稳定、安全，适合国民经济发展和其他产业发展的状态，从而达到维护文化产业结构安全的目的。

除了宏观人才政策以外，中央还出台了针对留学归国人员、文化产业个体人员的创业政策。

为贯彻落实《国家中长期人才发展规划纲要（2010—2020 年）》，加大

---

① 王袆庆. 文化产业政策解读［M］. 北京：中国传媒大学出版社，2015：31.

海外留学人才引进工作力度，加强对留学人员回国创业的支持，中央组织部、人力资源社会保障部、科技部、财政部、外交部、发展改革委、公安部、国土资源部、商务部、人口计生委、人民银行、国资委、海关总署、税务总局、工商总局、侨办、中科院、外专局、外汇局等有关部门研究制定了《关于支持留学人员回国创业的意见》，2011 年 2 月 23 日，中共中央组织部、人力资源和社会保障部发布《印发〈关于支持留学人员回国创业意见〉的通知》（人社部发〔2011〕23 号）。主要包括：

留学人员是我国人才资源的重要组成部分。吸引广大留学人员回国工作、创业或为国服务，是我国加强人才队伍建设、建设创新型国家的重要途径，也是新形势下实施科教兴国战略和人才强国战略的重要内容。近年来，回国创业逐渐成为留学人员报效祖国、服务国家经济社会发展的重要方式。支持广大留学人员回国创办企业，参与创新型国家建设，有利于学习国外先进的科学技术、促进科技成果转化，有利于推动我国企业自主创新、提高我国自主创新能力，有利于以创业带动就业，对于推动我国现代化建设事业具有重要意义。为贯彻落实《国家中长期人才发展规划纲要（2010—2020 年）》精神，按照中央人才工作协调小组的要求，结合新时期留学人员回国创业的特点，现提出如下意见：大力支持留学人员回国创业；积极为留学人员回国创业提供政策支持；积极为留学人员回国创业营造良好环境；加强对留学人员回国创业工作的组织领导。

2009 年 7 月 22 日，我国第一部文化产业专项规划——《文化产业振兴规划》由国务院常务会议审议通过。明确了文化产业振兴的指导思想与八大工作重点，强调坚持以结构调整为主线，加快推进重大工程项目，扩大规模，增强文化产业整体实力和竞争力。① 从中可以看出，文化产业结构调整和升级仍然是文化产业发展的主旋律，而人才政策正是为这一终极目标服务的，人才政策应用得好，会加快文化产业结构调整的步伐，使大的工程项目尽快完成，同时可以提高文化产业的外部竞争实力，进而达到维护文化产业

① 王祎庆. 文化产业政策解读［M］. 北京：中国传媒大学出版社，2015：66.

结构安全、促进文化产业发展的目标。《文化产业振兴规划》的主要内容包括：

党的十七大明确提出，要积极发展公益性文化事业，大力发展文化产业，激发全民族文化创造活力，更加自觉、更加主动地推动文化大发展大繁荣。为贯彻落实中央精神，在重视发展公益性文化事业的同时，加快振兴文化产业，充分发挥文化产业在调整结构、扩大内需、增加就业、推动发展中的重要作用，结合当前应对国际金融危机的新形势和文化领域改革发展的迫切需要，特制定本规划。……当前和今后一个时期，要着力做好以下八个方面工作：发展重点文化产业；实施重大项目带动战略；培育骨干文化企业；加快文化产业园区和基地建设；扩大文化消费；建设现代文化市场体系；发展新兴文化业态；扩大对外文化贸易。

3.1.2 财政金融政策

维护产业结构安全，促进产业结构升级，离不开国家给予的财政金融政策，资金是产业发展的基础，财政金融政策为文化产业的发展提供最基础的保障，为文化产业的发展解决后顾之忧，为文化产业结构的升级提供资金支持，为维护文化产业结构安全保驾护航。

从我国目前实施的文化产业政策来看，主要包括七大类：资金政策、税收政策、投融资政策、信贷政策、授信模式政策、文化产业保险政策、文化产业发展配套政策。

2012年4月28日，财政部下发的关于《重新修订印发〈文化产业发展专项资金管理暂行办法〉的通知》（财文资［2012］4号），明确文化产业发展专项资金将重点支持七大领域：推进文化体制改革、培育骨干文化企业、构建现代文化产业体系、促进金融资本和文化资源对接、推进文化科技创新和文化传播体系建设、推动文化企业“走出去”、财政部确定的其他文化产业发展领域。通过设立文化产业发展专项资金，能够促进文化产业的全面发展，提升文化产业的竞争能力，有重点、有计划地支持有潜力的文化产业项目，特别注重对薄弱环节的支持，对具有国际竞争力的文化产业项目的支持。以此来促进文化产业结构的调整，维护文化产业结构安全，推动文化产业的发展。

发展文化产业是国民经济可持续发展的重要推动力，而文化产业的发展离不开文化产业结构的调整升级和文化产业结构安全。国家税务总局将国家的政策扶持落到了实处，通过实行文化产业税收优惠，促进文化产业的发展壮大。2011 年 10 月 18 日中国共产党十七届六中全会通过的《中共中央关于深化文化体制改革推动社会主义文化大发展大繁荣若干重大问题的决定》指出，加大财政税收方面对文化产业的政策扶持力度，对文化内容创意生产经营实行税收优惠。截至 2013 年底，国家相关部门先后出台了一系列与文化产业相关的税收政策①，这些政策措施的出台对合理使用资金、维护文化产业结构安全大有裨益。

随着文化产业的发展，近年来文化产业项目不断增加。由于文化产业性质特殊，投融资风险比较大，传统的银行投融资业务难以满足文化产业投融资的需要，从而大量的投融资需求急切地需要适合的投融资政策。促进文化产业的发展，提升文化产业结构，维护文化产业安全离不开适应文化产业发展的投融资政策。② 2014 年国务院总理李克强主持召开的国务院常务会议上，确定了“以市场为主导，鼓励创意、设计类中小微企业成长，引导民间资本投资文化创意、设计服务等领域，设立创意中心、设计中心，放开建筑设计领域外资准入限制”的政策。

① 文化产业相关的税收政策有：《财政部　国家税务总局关于延续宣传文化增值税和营业税优惠政策的通知》（财税［2013］87 号）；《财政部　国家税务总局关于文化体制改革中经营性文化事业单位转制为企业的若干税收优惠政策的通知》（财税［2009］34 号）；《财政部　国家税务总局　中宣部关于下发世界知识产权出版社等 35 家中央所属转制文化企业名单的通知》（财税［2011］20 号）；《财政部　国家税务总局、中宣部关于下发中国电视剧制作中心有限责任公司等 11 家中央所属转制文化企业名单的通知》（财税［2013］16 号）；《财政部　国家税务总局　中宣部关于下发 13 家名称变更后继续享受税收优惠政策的转制文化企业名单的通知》（财税［2013］17 号）；《国家税务总局关于发布〈营业税改征增值税跨境应税服务增值税免税管理办法（试行）〉的公告》（国家税务总局公告 2013 年第 52 号）；《财政部　国家税务总局关于对部分营业税纳税人免征文化事业建设费的通知》（财综［2013］102 号）；《财政部　国家税务总局关于动漫产业增值税和营业税政策的通知》（财税［2013］98 号）。

② 文化产业相关的投融资政策有：《文化部　工业和信息化部　财政部关于大力支持小微文化企业发展的实施意见》（文产发［2014］27 号）；《中央宣传部　中国人民银行　财政部　文化部　广电总局　新闻出版总署　银监会　证监会　保监会关于金融支持文化产业振兴和发展繁荣的指导意见》（银发［2010］94 号）；《文化部关于鼓励和引导民间资本进入文化领域的实施意见》（文产发［2012］17 号）。

除了投融资以外，信贷是文化产业获得资金的另一个主要途径，信贷政策是国家宏观经济政策的重要组成部分，也是调整经济结构的重要手段。对文化产业来说，传统的信贷政策已不合时宜，并不能适应文化产业的信贷需求，要达到文化产业结构安全的理想状态，需要从文化产业结构调整出发，而信贷政策在其中所发挥的作用就不容忽视。在这种情况下，2010 年中央宣传部、中国人民银行、财政部、文化部、广电总局、新闻出版总署、银监会、证监会、保监会共同发布了《关于金融支持文化产业振兴和发展繁荣的指导意见》，明确指出“积极开发适合文化产业特点的信贷产品，加大信贷投放”①。

3.1.3 奖励鼓励政策

随着经济发展方式多元化，文化产业发展也呈现多元化发展方式，民间资本、私人资本逐渐进入到文化产业，为文化产业的发展注入了新的活力。同时为了鼓励更多的资本进入文化产业，促进文化产业的发展和结构升级，相关部门也出台了一系列奖励和鼓励文化产业发展的政策，这些政策的出台，对文化产业资金来源渠道多样化，维护文化产业结构安全，促进文化产业发展起着一定的作用。②

以动漫产业为例，动漫产业是我国文化产业中最具发展潜力的新兴产业之一。2008 年，《文化部关于扶持我国动漫产业发展的若干意见》，对如何

---

① 文化产业相关的信贷政策有：2014 年文化部、中国人民银行、财政部发布的《关于深入推进文化金融合作的意见》；《中央宣传部 中国人民银行 财政部 文化部 广电总局 新闻出版总署 银监会 证监会 保监会关于金融支持文化产业振兴和发展繁荣的指导意见》（银发［2010］94 号）。

② 文化产业相关的鼓励政策有：2012 年文化部发布的《“十二五”时期国家动漫产业发展规划》（动漫办发［2012］1 号）；《国务院关于非公有资本进入文化产业的若干决定》（国发［2005］10 号）；《中共哈尔滨市委办公厅 哈尔滨市人民政府办公厅印发〈关于扶持非公有制文化企业发展的实施意见〉的通知》（哈厅字［2001］8 号）；《深圳市人民政府印发〈关于加快文化产业发展若干经济政策〉的通知》（深府［2005］217 号）；2012 年《新闻出版总署关于支持民间资本参与出版经营活动的实施细则》；《文化部关于鼓励和引导民间资本进入文化领域的实施意见》（文产发［2012］17 号）；2008 年广电总局和信息产业部颁布的《互联网视听节目服务管理规定》；2011 年《中共中央关于深化文化体制改革推动社会主义文化大发展大繁荣若干重大问题的决定》；2009 年《文化部关于促进民营文艺表演团体发展的若干意见》；2009 年苏州市文化广电新闻出版局和苏州市财政局联合下发的《关于支持和服务民营文艺表演团体发展的若干意见》；上海市文化广播影视管理局制定的《上海动漫游戏产业发展扶持奖励办法》。

扶持动漫产业发展提出了明确的意见：

实施国产动漫振兴工程。以重点支持原创产品的创作生产为龙头，发挥财政资金的杠杆作用，鼓励扶持各类所有制企业创作、推广和传播贴近实际、贴近生活、贴近群众，富有中国文化精神、承载中华优秀传统文化、饱含时代特点的动漫产品。……努力增强国产动漫的原创制作能力、衍生产品开发设计能力，培育一批具有活力、专业性强的动漫企业和具有中国风格、国际影响的动漫形象、动漫品牌。

提高人才培养水平，促进动漫人才职业化。从高等教育、职业教育、继续教育、基础教育等不同层次全面推进动漫人才培养。发挥文化行政部门的艺术教育与培训资源优势，将动漫人才培养纳入国家文化艺术类人才培养规划，在学科门类、学位设置（包括博士硕士点）、教学研究经费上给予积极支持。以高等职业院校为依托，大力推进动漫人才职业教育。充分调动企业、学校、行业协会等的积极性，开展动漫人才培训。社会艺术考级中增设动漫方面的考级专业。抓好动漫高端人才培养，办好动漫产业发展高级研修班。加快动漫人才培养标准化进程，制定动漫人才培养标准，促进动漫人才职业化。

促进国际交流与合作，支持动漫企业“走出去”。鼓励政府间和民间与国（境）外开展多边和双边的交流与合作，鼓励我国动漫企业以合资、合作、服务加工等多种形式参与国际合作和国际市场竞争。大力扶持原创动漫产品出口，将优秀动漫出口企业产品列入《文化产品和服务出口指导目录》。鼓励和组织动漫企业参加国际知名展会，支持我国动漫企业开拓海外市场。设立国产动漫产品出口奖励和补贴专项资金，促进我国动漫产业国际化。

指导动漫行业协会建设。发挥现有各类动漫类学会和协会的作用，以协商、协作、协调为基础，以企业为主体，兼顾学术性和社会性，调整、充实或改造、新建动漫行业协会，整合行政资源和产业资源，形成合力，发挥行业协会联系政府、服务企业、行业自律的作用。

在经济全球化深入推进的大背景下，面对大范围、深层次的文化交流和文化产品输入，既要通过设立一定的配额、特殊关税、频道播出时间限制等贸易措施适度地保护本土文化企业，促进民族文化发展；又要提供相应的支持政策，鼓励本土文化企业开拓国际市场，向外扩大民族文化的影响力，更好地促进全球文化的沟通和交流。

3.1.4 国际贸易政策

文化产业发展所肩负的使命与其他产业有所不同，文化的传播需要以文化产业为载体，通过对文化产品和文化服务的输出，将中国文化带到全世界。因此，文化产业贸易政策的有效性，将直接影响到文化产业参与国际竞争的能力，从而进一步影响到文化产业结构的调整和升级。文化产业国际贸易政策的有效性对文化产业结构的外部安全起着重要的作用。

从文化产业涉外发展来看，主要有文化产品和服务的进口政策、文化产品和服务的出口政策、文化产业吸引外资政策。

随着我国人民消费水平的不断提高，本国生产的产品和提供的服务已经不能够满足消费需求，一部分消费者转而热衷于对国外商品和服务的消费。而文化产品和服务的国内外差异要远大于其他产品和服务。以电影产业为例，越来越多的欧美影片进入我国市场，2016 年以网络游戏《魔兽》为题材的同名电影上映首日，中国大陆票房已远超世界其他地区首日全部票房之和，而这部电影在北美的票房收入并不理想。之所以国外电影更受热捧，这与中国电影产业发展跟不上消费者的需求有着密切的关系。如何调整文化产业结构，促使一部分产业先强大起来，是维护我国文化产业结构安全刻不容缓需要解决的问题之一。而过多文化产品和文化服务的进口会削弱本国市场的文化产业竞争力，阻碍产业结构的升级，甚至威胁到文化产业结构安全。

2005 年，中宣部、文化部、广电总局、新闻出版总署、商务部、海关总署等六部门[①]联合下发《关于加强文化产品进口管理的办法》，完善文化产

① 六个部门的分工如下：中宣部负责协调指导文化产品进口管理工作；文化部负责音像制品、美术作品和演出项目进口等方面的监督管理工作；广电总局负责广播电视节目、电影、电视剧、动画片进口、中外合作制作电影、电视剧、动画片和境外卫星电视频道落地等方面的监督管理工作；新闻出版总署负责书报刊、电子出版物进口、版权贸易及合作出版活动等方面的监督管理工作；商务部和海关总署负责文化产品进口的监督管理工作。

品进口管理，保护知识产权，维护国家安全，为文化产业的发展奠定基础。①②文化产品进口管理的总原则是：

书报刊、电子出版物、音像制品、电影、电视剧、动画片和广播电视节目等文化产品进口业务，须由文化部、广电总局、新闻出版总署指定或许可的国有文化单位经营。境外演出团体或个人到境内演出业务，须由具有演出经营资格的演出经纪机构经营。有关行政部门要加强日常监管，并按有关规定对进口经营单位实行年检制。对违规进口文化产品的，视不同情况进行处罚，情况严重的要取消进口资格。近期不再新批文化产品进口单位。对原有的文化产品进口经营单位，应按照注意控制总量、合理布局和优化结构的原则进行整顿。

相对于文化产品和服务进口来说，我国的文化产品和服务出口相差甚远。尽管我国加入世界贸易组织已经十五年了，但是在文化领域的开放度还不够高。文化产业“走出去”对调整文化产业结构，维护文化产业结构安全的意义非常大。参与国际竞争的文化产业细分行业越多、规模越大，文化产业的国际竞争力就越强，也更适合文化产业的发展，对文化产业结构调整的带动作用也越大。

2009 年，商务部、文化部、广电总局、新闻出版总署中国进出口银行颁布了《关于金融支持文化出口的指导意见》，指出：

商务部、文化部、广电总局、新闻出版总署、进出口银行按照“各部门组织推荐，进出口银行独立审贷”的原则，发挥中央有关部委与地方主管部门的政策优势和组织优势，以及进出口银行总行与各营业机构的市场优势和资金优势，共同搭建文化、金融合作平台，以支持文化企业和项目“走出去”为重点，将支持文化产业“走出去”与“引进来”相结合，全面支持文化贸易发展。

① 王祎庆. 文化产业政策解读［M］. 北京：中国传媒大学出版社，2015：128.

② 文化产业相关的文化产品和服务进口政策有：2004 年国家广播电影电视总局发布的《境外卫星电视频道落地管理办法》；2001 年国务院颁布的《出版管理条例》。

对于文化产业吸引外商直接投资来说，既要履行入世承诺，又要防范外资对部分行业的垄断。要在保证文化产业结构安全的基础上，吸引外资、学习先进的技术和经验，同时，对文化产业吸引外资的政策也要予以宏观调控，避免行业垄断、文化产业结构失调和文化产业结构安全受到威胁的情况发生。①

2005 年，为适应我国加入世界贸易组织的新形势，文化部、国家广电总局等五部委联合制定了《关于文化领域引进外资的若干意见》。该文件的出台是对入世规则的明细化和规范化。一方面保证了外资在进入地方文化领域时能有效减少当地广电、新闻出版、文化等部门的阻碍；另一方面也将杜绝一些地方在引进外资时打擦边球、钻政策空子的现象。②

3.2 文化产业资源

文化产业要素的合理组合是文化产业结构优化的根本目标，也是维护文化产业结构安全的最终任务。文化产业的资源要素包括文化资源、文化技术、文化资本、物质材料、人力资源、信息资源等。文化产业的发展过程，就是文化资源通过文化资本转化成经济资本进而发展成产业效益、形成文化品牌的过程。③ 文化产业资源开发的价值链结构如图 3-1 所示。

图 3-1 文化产业资源开发的价值链结构

3.2.1 文化资源

文化资源被誉为文化产业的驱动要素。文化资源的存在形式既有物质形态，也有非物质形态。总体上来看，可以分为三类，即物质文化资源、非物质文化资源和自然文化资源。具体表现形式有：历史遗迹、民俗文化、地域

① 文化产业相关的外商直接投资政策有：2002 年新闻出版总署、外经贸部发布的《设立外商投资印刷企业暂行规定》；国家发展改革委、商务部印发的《外商投资产业指导目录》。

② 王祎庆. 文化产业政策解读［M］. 北京：中国传媒大学出版社，2015：134.

③ 向勇. 文化产业导论［M］. 北京：北京大学出版社，2015：109.

文化、乡土风情、文学历史、民族音乐、宗教文化、自然风光等不同类别。[①]文化资源是一种存量，它所反映的是文化产业发展中所需的基础条件，这既包括自然资源条件，也包括非自然的人力资源、技术资源条件。然而文化资源的禀赋能力并不能完全反映文化产业的发展能力，是文化资源的优化配置决定了文化产业的发展结构。因此，文化资源作为文化产业的驱动因素，对文化产业结构的调整，对文化产业结构安全的维护起到关键性的作用。

文化资源作为一种客观存在的社会资源，作为一个地区的资源禀赋，对文化资源的开发和利用体现了产业结构转型的观念变化，符合世界经济发展的潮流。文化资源的开发体现了文化产品的转化能力和文化产业的经营能力。文化资源要文化资本化，经过文化创意转变成文化产品，进行产业化经营，形成文化品牌。[②] 可以说，文化资源对文化产业结构的调整和文化产业结构安全的维护，乃至文化产业的发展都起到了至关重要的驱动力作用。

文化资源的开发模式共有九种：

文化旅游开发模式：桂林山水实景演出《印象·刘三姐》；

主题公园开发模式：迪士尼乐园、中国第一个主题公园——深圳锦绣中华；

节庆会展开发模式：北京农业嘉年华；

文化地产开发模式：上海 K11 文化艺术主题购物中心；

创意产品开发模式：北京 798 艺术区；

科技创新开发模式：各类文化产业园区；

特色产业带开发模式：藏羌彝文化产业走廊；

生态博物馆开发模式：法国露可颂生态博物馆、瑞典斯堪森民俗村；

文化造镇开发模式：台湾桃米村。

3.2.2 文化技术

文化产业发展的决定因素来源于文化技术水平，而文化技术水平的先进程度决定了文化产业结构调整的方向，而文化产业结构的调整升级将直接关

---

① 向勇. 文化产业导论［M］. 北京：北京大学出版社，2015：111.

② 同①：116.

系到文化产业结构的安全。一般来说，文化产业“所需的技能及支持机制包括技术性能力、创业技能和领导力等三个方面的能力”①。

文化技术创新是文化产业结构升级的基础，技术创新大大提高了文化产业的生产效率，实现了文化产品的生产、复制和流通，推动了文化产品的多样化生产。科学技术的不断进步，使成本不断降低，极大地推动了文化产业的发展和结构调整，对维护文化产业结构安全起到了积极的作用。

文化技术的发展不仅体现在对现有文化产业结构调整优化的作用上，还体现在推动新兴产业的诞生和发展上。电子票务、网络游戏、手机文化产品、数字文化节目制作、三维动画、全息展示等新兴文化产品就是在信息技术创新过程中快速发展起来的。同时，技术创新也带来了文化产品消费结构的变化。

美国从 1776 年建国至今只有 200 多年的历史，这块土地上没有源远流长的传统文化，没有深厚的文化底蕴，之所以能成为世界头号文化强国，其中最重要的原因是，美国吸引了全世界最优秀的文化人才。

美国是一个移民国家，其移民政策相当灵活，根据国内发展需要随时不断调整。美国国民来自全世界各地，文化包容性极强，各国文化在美国都得到很好的传承，有利于各种文化的融合、创新。正是这种兼收并蓄的开放包容，吸引了全世界许多国家的优秀文化创意人才到美国发展。在经济全球化深入推进的背景下，美国好莱坞每年推出的大片，从剧本反映的文化背景到电影的拍摄地，从投资人、导演 、编剧到主要演员很多都来自世界各地。

美国还是一个高度重视教育投入的国家。家庭和个人为了增加技能和知识，不惜投入大量资金，国家、社会和企业为了教育事业、职业培训的发展，也进行了大量的投入。作为教育最发达的国家，美国在教育领域投入的资本，无论是在绝对量上还是在占国内生产总值的比重上，都是世界最高的，美国形成的先进的大学教育体系和研究体系，已经成为支撑美国文化产业发展最引以为傲的条件。②

① 联合国教科文组织，联合国开发计划署. 创意经济报告 2013：拓展本土发展途径［M］. 意娜，译. 北京：社会科学文献出版社，2014：98.

② 刘绍坚. 文化产业：国际经验与中国路径［M］. 北京：中国社会科学出版社，2014：22.

创新是文化产业发展的灵魂。奥地利裔美国经济学家约瑟夫·熊彼特（Joseph A. Schumpeter）认为，创新是把新的生产要素和生产条件的“新结合”引入现有生产体系，包含的范围很广，涉及技术性变化的创新和非技术性变化的组织创新。他还首次提出了“创造性破坏”这个颠覆性的概念，认为经济结构的创造和破坏主要不是通过价格竞争，而是通过技术创新的竞争来实现。世界经济发展史表明，每一次大规模的重大技术创新，都是在淘汰旧的技术和生产体系，建立新的技术和生产体系。

延伸阅读

亚马逊对图书发行的模式创新

过去，人们一般都是先看到图书评论，再去书店购买新书。1997年，华盛顿大学的在读博士生格雷格·林登（Greg Linden）注册了日后大获成功的亚马逊。当时，亚马逊的竞争优势主要是传统的人工书评。他聘请了一个由20多名书评家和优秀编辑组成的团队，通过写书评、推荐新书、挑选非常有特色的新书标题放在亚马逊的网页上，创立了“亚马逊的声音”这个版块，使得亚马逊的图书销量猛增。

后来，亚马逊公司的创始人及总裁杰夫·贝索斯（Jeff Bezos）提出，希望根据客户个人以前的购物喜好，为其推荐具体的书籍。为此，格雷格·林登试图找到一个解决方案，不将顾客与其他顾客进行对比，而是找出单一顾客历史购买产品之间的关联性，进行有针对性的产品推介。1998年，格雷格·林登和他的同事申请了著名的“item-to-item”协同过滤技术的专利，改变了人工评论推荐图书的传统营销模式，改用计算机根据销售量来进行分析的方法，进行图书和其他产品推荐。如今，据说亚马逊销售额的1/3来自其个性化推荐系统，图书销售的主渠道也彻底由实体书店转向电子商务。

3.2.3 文化资本

如果说文化资源是文化产业发展和文化产业结构调整的驱动力，文化技术是文化产业发展的决定因素。那么，文化资本就是文化产业发展和文化产业结构调整的黏合剂。文化产业的发展需要资本的注入，才能够带动产业结构的升级调整。从目前来看，资本投入的来源渠道主要有两个，一个是来自于境内的本国资本；另一个是来自于境外的外商投资。

外商直接投资是一把双刃剑。对于发展中国家来说，外商直接投资对经济发展起到了一定的推动作用，但大量外资的涌入也对国家的经济安全产生一定的威胁。在经济落后的发展中国家，外商直接投资带来了先进的技术、管理经验和经济发展中不可或缺的资金，弥补了制约发展中国家经济发展的“双缺口”，但盲目地大量吸引外资，也使发展中国家的产业发展受制于外商直接投资。如何在经济发展和经济威胁之间找寻一个平衡点，既能够充分利用外商直接投资的有效推动作用，又能够防范过度吸引外资而产生的被外资控制的问题，是经济发展中亟待解决的问题之一。

因而，在外资直接投资“剪刀差”中，如图 3-2 所示，把外商直接投资对中国经济安全的威胁形象地比喻成一条自左上向右下的斜向下倾斜的曲线 TH。

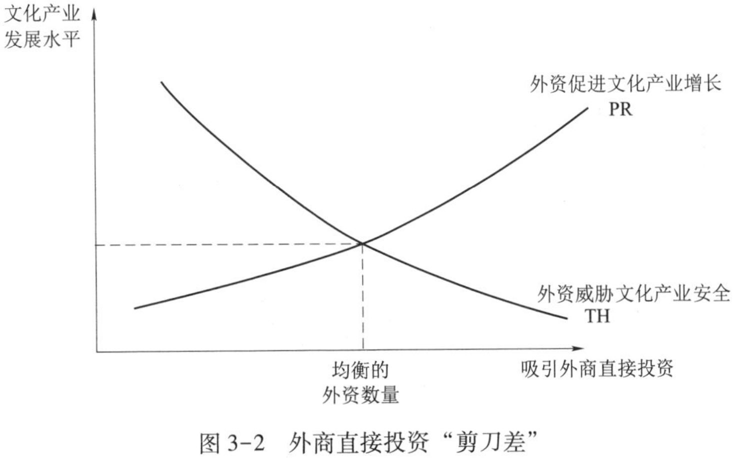

图 3-2　外商直接投资“剪刀差”

3.3　文化产业供给与需求

3.3.1　文化产品需求

文化产品需求既有一般性，也有特殊性。文化产品需求的特殊性分析思路源于贝克尔和墨菲对“理性瘾”的分析①。贝克尔和墨菲的分析是建立在扩展的效用函数的基础上，即在任何时点上，扩展的效用函数不仅取决于消费的不同产品，而且还取决于该时点上个人和社会资本的存量。用公式表示为：

$$u = u(x_t, y_t, z_t, P_t, S_t)$$

其中 t 为不同时点，x，y，z 分别代表不同的商品，P 为个人资本，S 为社会资本。后两者构成了全部人力资本存量的一部分。从这一扩展的效用函数提供的理论模型来看，它所表达的准确思想是，效用函数是固定的，但是现期的消费者选择会影响到未来期的 P 和 S 的水平，而这将会引起效用水平发生变化。文化产品是满足人们精神需求的产品，无论对个体消费者还是对社会都是非常有意义和有价值的。

人们在消费文化产品时，不仅可以获得与消费其他产品同样的效用，而且还会获得心灵方面的愉悦感，而这种愉悦感会影响下一期个体消费者继续消费该类文化产品的愉悦度。换句话说，文化产品需求具有收益性成瘾的特征。②

我们在建立文化产品消费的效用函数时，通常假定：

① 个体消费者是理性消费者；

② 个体消费者的消费行为是为了获得效用的最大化；

③ 个体消费者前后选择具有一致性；

④ 文化产品的有益性，即消费者的效用不仅来自于对文化产品的消费，还来自于乐于享受由此所产生的心灵愉悦。

建立文化产品需求的效用函数为：

$$U = U(C, Z)$$

式中，C 为消费者消费的文化产品量；Z 为消费者消费的非文化产品量。而文化产品的需求取决于消费者对之投入的时间和消费者本身的文化资本存量，用公式表示为：

$$C = C_c(t_c, K_c)$$

---

① BECKER G S，MURPHY K M. A theory of rational addiction［J］. Journal of political economy，1988，96（4）：675-700.

② 左惠. 文化产品供给论：文化产业发展的经济学分析［M］. 北京：经济科学出版社，2009：131-133.

式中，t_c 为消费文化产品所投入的时间，K_c 为消费者的文化资本存量，表示过去对 C 的消费通过一个“在消费中学习”和积累的过程影响当前的效用。

假设一：投入时间 t_c 和文化资本存量 K_c 越大，则文化产品的需求量越大，能带来的愉悦度越大。即

$$\frac{\partial C_c}{\partial t_c} > 0$$

$$\frac{\partial C_c}{\partial K_c} > 0$$

假设二：对于任意时点 a，假设一成立。那么，对于一个累积到一定时点的 K_{ca} 来说，它又是由此前的 C_{a-i}（其中 $i = 1, 2, \cdots, n$）及受教育程度 E_a 对消费该类文化产品的影响所决定的，即

$$K_{ca} = h(C_{a-1}, C_{a-2}, \cdots, C_{a-n}; E_a)$$

该式说明，未来个体消费者文化资本存量的变化取决于消费者对文化产品现期的需求量及现期的文化资本存量。更具体地说，文化产品需求量的增加会增加消费者的文化资本存量，而文化资本存量的增加又会加大未来消费者对文化产品的需求量。

文化产品和服务需求是文化产业生存的根基，同时也是文化产业不断调整的驱动力。随着文化产品和服务需求的不断提高，只有不断调整产品和服务结构，培育新的产品，才能够满足消费者对文化产品和服务的需求，而随之引发的就是产业结构的调整。因此，可以说适应消费需求的文化产业结构调整有利于维护文化产业结构安全，而与文化需求和服务增长不相适应的文化产业结构则不利于维护文化产业结构安全。

3.3.2 文化产品供给

随着居民收入水平的提高和闲暇时间的增多，居民对文化产品与服务的需求也日益增加。满足消费者日益增长的文化产品与服务需求，并激发消费者的潜在需求，文化产品供给对文化产业结构安全的影响是文化产业发展中亟待解决的问题。①

---

① 左惠. 文化产品供给论：文化产业发展的经济学分析［M］. 北京：经济科学出版社，2009：81-85.

文化产品形成有效供给必须满足以下条件。

① 文化产品供给必须考虑消费者需求。供给方应真正牢固树立面向消费者，面向市场的供给理念。供给的品种、质量与类别结构必须与现实的需求相适应，供给的数量、价格能够满足消费者的需求，从而保证供给为当时的市场全部容纳，即供给是考虑了需求并让需求可以接受的供给。

② 文化产品供给还应得到要素供给的保证，即生产条件的有效性。要素供给主要包括人力资源投入、资本投入、技术水平、生产组织的管理水平等。

③ 文化产品供给还应得到效率的保证。文化产品有效供给不仅包括产品或服务的有效性，而且包括供给效率的有效性。为此，不仅要重视提高要素供给的质量，优化要素供给组合，还要重视经济效益与社会效益的统一，更要重视政府政策法规、体制，以及制度因素对有效供给的影响，走可持续性供给之路。

④ 文化产品供给还需主动，供给还需不断创新。既包括已有产品的更新，更主要的是不断开发从无到有的新产品，从而使供给不仅能够适应需求，而且能够创造需求和拉动需求。

文化产品的市场供给需要一定的条件，从理论上讲，公共性文化产品的市场供给范围应该为具有强排他性的公共性文化产品。根据公共文化产品的生产者和供给者的不同，公共性文化产品的供给可分为四类。公共性文化产品的生产者和提供者都是私人部门的为典型的市场直接供给模式；生产者和提供者都是公共部门的为典型的政府直接供给模式；生产者是公共部门，提供者是私人部门的为市场间接供给模式；生产者是私人部门，提供者是公共部门的则为政府间接供给模式。公共性文化产品供给的制度安排如表 3-1 所示。

表 3-1 公共性文化产品供给的制度安排

生产者	提供者	
	公共部门	私人部门
公共部门	政府直接供给模式	市场间接供给模式
私人部门	政府间接供给模式	市场直接供给模式

文化产品和服务的供给与文化产品和服务的需求同样重要，要与文化产业结构的调整方向相适应，这样更有利于维护文化产业结构的安全。

3.4 文化产业国际化

3.4.1 文化产品创作国际化

随着全球分工体系的日益形成，文化产品同其他产品一样都纳入了全球分工体系中，各国文化资源得以在世界范围内共享，文化产品由多国不同企业共同完成，文化产品全球发行销售。① 文化创作的国际化可以将不同国度的文化融合在一起，形成巨大的合力，促进文化产业的发展。同时，文化创作的国际化通过经验学习，以创新带动文化产业的结构升级，以结构升级来促进文化产业结构的安全。此外，在本国文化产品创新能力相对不足的时候，文化产品生产的国际合作有利于本国文化借助合作生产的文化产品进行国际传播，扩大自身影响力。

美国好莱坞大片《泰坦尼克号》实际上是由 7 个国家的 30 多家公司共同协作完成的，其中的特技制作外包给了有来自 16 个国家的中小技术公司协作的 Digital Domain 公司，音乐制作外包给了日本的索尼公司。

美国派拉蒙影业公司制作的动画片《功夫熊猫》大量使用了中国文化元素（如熊猫、中国功夫以及类似于武当山的和平谷等）。

2013 年 5 月新上映的《钢铁侠 3》也引进王学圻、范冰冰等中国演员，以求通过这些中国元素的加入，扩大在中国电影市场的收益。

3.4.2 文化产品标准和制度国际化

文化产品标准和制度的国际化，首先体现在技术标准的国际化上②，其

---

① 刘绍坚. 文化产业：国际经验与中国路径［M］. 北京：中国社会科学出版社，2014：40.

② 如无线网络通信技术蓝牙（blue tooth）的技术标准就是由爱立信、IBM、英特尔、微软、摩托罗拉、诺基亚和东芝组成的蓝牙技术联盟共同制定的。

次是体现在对文化产业相关制度的理解和规范上①。文化产业技术和制度标准的国际化，有助于打破技术和制度壁垒，实现全球技术与市场的共享，扩大文化产业市场，在全球范围内实现规模效应。熟悉并吃透国际标准和制度，对我国文化产业结构调整至关重要，由于我国在文化产业国际惯例和标准制定上没有话语权，只能受美、日等发达国家的强势所压，很容易被这些国家排除在制度和标准之外，在这种不利的文化产业国际竞争环境中，在没有文化产品标准和制度的主导权的形势下，唯有理解、吃透这些制度和标准，才能使我国文化产业在不利的环境中获得发展，才能促进产业结构的优化调整，维护文化产业结构的安全。

2001 年 11 月 11 日，我国代表石广生在世界贸易组织《中华人民共和国加入协定书》上签字，我国在协定书中承诺：

> 除本协议另有规定外，中国应履行世界贸易组织协定所附各多边贸易协定的、应在自该协定生效之日起开始的一段时间内履行的义务，如同中国在该协定生效之日已接受该协定。……中国可维持与《服务贸易总协定》（GATS）第二条第一款规定不一致的措施，只要此措施已记录在本协定书所附《第二条豁免清单》中，并符合 GATS《关于第二条豁免的附件》中的条件。

以上承诺表明，我国从加入世界贸易组织起的一定期限内将逐步实现世界贸易组织协定所要求的贸易自由和市场准入的各项规定，同时并根据中国的国情在世界贸易组织的规则框架下做出一定的保留。

3.4.3 文化产品市场国际化

文化既具有多样性也具有统一性，家庭、关爱、互助等文化价值观，是全球所有文明种族所共通的。承载这些文化价值观的文化产品，可能在全球范围内拓展自己的市场。尤其是互联网的兴起，更加速了文化产品和服务的全球化进程。此外，随着全球人员流动加速，一个国家的国民可以很方便地

---

① 如世界知识产权组织的保护公约、世界贸易组织的与贸易和投资相关的知识产权保护协议等。

到另一个国家去进行文化消费，以境外消费的方式扩大文化服务贸易。现在世界上许多国家，尤其是市场规模较小的国家的文化产品在创作初期就明确不局限于本国市场，而是把世界市场视为发展本国文化产业的舞台。

延伸阅读

一本畅销书，从《时间简史》到《哈利·波特》，可以在世界各地以多种文字同时发行，电影、书籍、电视节目、音乐唱片可以在全球同时发行上映。

每天晚上七点固定在纽约百老汇 Winter Garden 剧场开演的《妈妈咪呀》，观众主要是来自世界各地的游客，目前该剧已有 13 种语言版本，创下 20 亿美元的票房收入，摘得“世界第一音乐剧”的桂冠。

国际市场是文化产品和服务交易的环境，而一国的文化产品和文化服务能否占据国际市场，形成较强的国际竞争力，对文化产业的发展和文化产业结构的提升有着重要的作用。具有较强国际市场竞争力的文化产品和服务，能够占据国际市场较大份额，促进文化产业走出国门，并在良性竞争中实现文化产业结构的调整和升级，对维护文化产业结构安全有很多好处。

延伸阅读

美国文化的全球化

美国已经成为全球化输出的高地，占据着世界文化产业的霸主地位。美国文化产业的年营业额高达数千亿美元，好莱坞的巨制电影、三大电视网的娱乐节目、时代华纳的流行音乐被许多国家民众所喜好。在每年美国商品的出口项目当中，文化产业视听产品的出口额名列前茅，为美国国内提供了 1 700 多万个就业岗位。

美国文化产业具有两面性：一方面是全球贸易输出，供世界各地的消费大众去消费；另一方面则是全球文化生产，使美国文化产业在全球范围内投入再生产。美国电影业已经开始把生产制作移至本土之外，以降低电影制作的巨大成本，同时利用第二市场，试图通过随机价格来增加收入，进而整合形成一种全球生产与销售一体化的商业战略。

美国文化产业依赖于跨国公司的增多及外来投资的增长，而这些跨国公司的大部分又都不以美国为主体。在好莱坞最具实力的电影制片公司中，哥伦比亚三星电影集团公司属于日本的索尼公司，福克斯广播公司属于新闻集团（前身是澳大利亚新闻有限公司）。

3.4.4 文化贸易

文化产业作为文化贸易的基础，决定着我国文化贸易的水平和高度。文化贸易的规模和结构也对文化产业结构的调整和升级产生一定的引导作用。

文化贸易结构变化引领文化产业结构调整，适当的文化产业结构调整有利于文化产业结构安全。近年来，我国文化产业结构的一个突出特点为游戏产业发展迅猛，电视节目出口规模增大。根据《2014 年中国游戏产业报告（摘要版）》中数据显示，2014 年中国网游已超过千亿元规模，其中手游占比约 25%。在游戏市场上的新产品中，移动游戏占比超过 70%，实际销售收入同比增长达到了 144.6%。这种跨越式增长在海外表现得更显著，2014 年，中国自主研发的网络游戏海外市场销售收入达 30.76 亿美元。其中客户端类游戏占总出口网游数量的 27.7%，网页游戏占 30.9%，而移动类游戏数量占比达到 41.4%。网游实际销售收入 12.73 亿美元，以 366.39% 的同比增速排名第一。游戏产业在文化贸易中属于软性的文化创意和设计服务，其产品的取胜之道在于 IP、创意、美术视觉、服务体验等比较软性的要素。[①] 游戏产业所取得的巨大成就体现出我国文化贸易的远大前景与巨大潜力。

在国际文化贸易中，除了文化贸易等软件服务外，还有文化用品、文化专用设备等硬件产品贸易。其中乐器行业作为文化产业的重要部分，在我国文化产品贸易中占有重要地位，数据显示，从主要乐器产品产量来看，中国

① 李婧. 文化贸易：2014 喜与痛［N］. 中国文化报，2015-02-28.

生产的钢琴、西洋管乐器、提琴、吉他、电声乐器等均占世界产量的 50%～70%，这些文化产品大部分都远销海外。中国已超越美国，成为世界主要乐器产品产量和出口量第一的国家。

中国的对外文化贸易总体上呈现增长趋势，无论是文化服务方面，还是文化产品方面，都有具备相对比较优势的文化行业部类，并在相关的行业或领域领先于世界上其他国家。

同时，我国文化贸易总体发展势头良好，与国家各相关部门适时出台相关文化贸易支持政策是密不可分的。我国文化贸易相关政策一览表见表 3-2。自 20 世纪 90 年代以来，与文化贸易相关的支持和规范政策相继出台，促进了文化艺术表演服务、动画片引进、电影进出口等方面的发展。自 2001 年加入世界贸易组织后，国家开始真正确立文化产业的战略地位，文化贸易政策改革开始呈现出系统化、战略化和针对性强等特征。

表 3-2　我国文化贸易相关政策一览表

年份	法律法规
1997	文化部涉外文化艺术表演及展览管理规定
2000	国家广播电影电视总局关于加强动画片引进和播放管理的通知
2001	电影管理条例
2003	文化部关于支持和促进文化产业发展的若干意见
2004	国家广播电影电视总局关于促进广播影视产业发展的意见
2005	财政部　海关总署　国家税务总局关于文化体制改革试点中支持文化产业发展若干税收政策问题的通知
2005	国务院关于非公有资本进入文化产业的若干决定
2005	关于进一步加强和改进文化产品和服务出口工作的意见
2006	文化建设“十一五”规划
2006	关于鼓励和支持文化产品和服务出口的若干政策
2008	文化部关于扶持我国动漫产业发展的若干意见
2009	商务部　文化部　广电总局　新闻出版总署　进出口银行关于金融支持文化出口的指导意见
2009	文化产业振兴规划

续表

年份	法律法规
2012	国家“十二五”时期文化改革发展规划纲要
2012	文化部“十二五”时期文化产业倍增计划
2014	国务院关于加快发展对外文化贸易的意见
2014	文化部　中国人民银行　财政部关于深入推进文化金融合作的意见
2014	关于推动特色文化产业发展的指导意见

4

文化产业结构安全评价

文化产业结构安全评价是对文化产业结构安全研究的进一步深化，是从实证分析的角度，通过数理分析，客观、准确地反映文化产业结构安全状况。本章根据系统方法学的原理，构建了文化产业结构安全评价的框架和模型，并以此为基础，结合第 3 章对影响文化产业结构安全的主要因素的分析，利用已有的数据对我国文化产业结构安全的现状进行分析和评价。

4.1 文化产业结构安全评价方法

4.1.1 构建文化产业结构安全评价指标体系的方法说明

任何系统都具有整体的形态、结构、边界和功能等，而且系统整体具有其他部分简单总和所没有的系统性。同时，系统还具有等级性，由不同的子系统组成，不同层次之间有着高低、上下、深浅、内外的区别，而各部分组成后则具有一定的功能作用。据此，在创建产业结构安全评价体系时，首先要根据产业结构安全的几大主要影响因素，构造指标体系的基本结构，即一级指标。其次，将描述这些影响因素的各项具体指标分别列入相应的一级指标之下，作为二级指标，并建立起两级指标之间的逻辑关系。最后再从反映同一个影响因素的众多指标中挑选出具有代表性的指标，剔除那些与该代表性指标相关度过高的指标。

4.1.2 明确问题

随着文化产业的发展，文化产业结构出现了很多与经济发展不相适应的问题，如各细分行业发展能力不均衡，部分细分行业自主创新能力不足，各细分行业国际竞争能力不一等问题。这些问题都已引起了社会各界的广泛关注。文化产业结构与文化产业发展和国民经济的增长都有着直接的关系，文化产业结构的安全也将直接影响到相关联产业的产业安全和国民经济安全。如何在世界经济快速发展和区域经济多变的环境中谋求文化产业结构生存和发展的安全，是促进我国文化产业持续发展急需解决的重要问题。因此，本章从系统的观点出发，从全局统筹的角度对文化产业结构安全进行系统评价，建立系统动力学结构模型。

4.1.3 确定系统要素

影响文化产业结构安全的因素是多样的并且是复杂的，而确定评价指标体系的科学方法是从简单到复杂的认识过程。

1. 确定子系统

在明确问题的基础上，通过对研究问题的定性分析、文献阅读、调研与专家咨询等方法，首先运用因素分析方法，将文化产业结构安全的评价体系划分为 4 个子系统，即文化产业政策子系统、文化产业资源子系统、文化产业供求子系统和文化产业国际化子系统。

2. 确定要素集

运用可拓方法中的菱形思维模式对各子系统的要素集进行确定。本书运用共轭分析法先对发散过程进行分析，之后再使用主成分分析法对收敛过程进行分析。

1）发散过程分析

对事物结构的充分研究，有助于我们利用事物的各个成分及各成分之间的相互关系去处理矛盾问题。从事物的物质性、系统性、动态性和对立性去认识事物，可以更完整地了解事物的结构，从而能更深刻地揭示事物发展变化的本质。从这四个方面出发，可拓学相应提出虚实、软硬、潜显、正负四对概念来描述事物，将这四对概念称为事物的共轭部。根据事物的共轭性，利用物元和关系元作为形式化工具，对事物的实部与虚部、硬部与软部、潜部与显部、正部与负部这八个方面进行形式化分析。共轭分析方法的思想是整体论与还原论相结合的思想，为全面分析事物的结构提供了一个新的视角。

（1）实部与虚部

从事物的物质性考虑事物的结构，任何事物都是由物质性部分和非物质性部分组成，也可认为任何事物都是由事物的实部和虚部组成的。虚部是有价值的，它以实部为基础。对于文化产业结构安全来说，它的实部就是文化产业资源、文化产业供给与需求、文化产业国际化，是对“量”的反映；而虚部则是反映“质”的方面，对于文化产业结构安全来说，主要是文化产业政策。

（2）硬部与软部

从事物的系统性考虑，可拓学把事物的组成部分的全体称为硬部；事物组成部分之间以及与该事物以外的物之间的关系称为软部。对事物的研究，必须深入研究其内外关系，而不仅仅是研究其组成部分间的关系。硬部和软部是相互作用、相互影响的，就是所谓的“整体不等于部分和”。就文化产业结构安全来说，其硬部是影响文化产业结构安全的各子系统的构成部分，即文化产业政策、文化产业资源、文化产业供求和文化产业国际化等子系统；软部即为各子系统之间以及系统与外界环境之间的关系。

（3）潜部与显部

从动态性的角度考虑事物，任何事物都是运动的，静止永远是相对的。可拓学把事物潜在可以变化的部分称为潜部；显化的部分称为显部。研究事物的潜和显必须注意到量值存在的潜与显，并且潜显在满足一定条件下是可以转化的。对于文化产业结构安全来说，以文化产业国际化子系统为例，进出口产品结构、加工贸易占总贸易量比重、进出口市场结构是潜部；文化产品竞争力指数等是显部。

（4）正部与负部

从事物的对立性考虑事物的结构，任何事物都有对立的两个方面。在可拓学中，把事物关于某特征的量值取正值的部分称为正部；把事物关于某特征的量值取负值的部分称为负部。在文化产业结构安全评价系统中，有利于维护文化产业结构安全，促进文化产业结构调整和文化产业发展的要素归为正部；相反，对文化产业结构安全产生威胁，不利于文化产业结构优化和调整，并对文化产业发展产生阻碍的要素归为负部。

依上所述，利用共轭分析方法可以全面分析所要研究的对象。文化产业结构安全分别从文化产业政策子系统、文化产业资源子系统、文化产业供求子系统和文化产业国际化子系统的物质性、系统性、动态性和对立性出发，可以生成能够较完整反映各子系统的初始系统要素集。

2）收敛过程分析

根据可拓学的分析方法，将影响文化产业结构安全的众多要素挑选出来，汇集成表，但这些要素种类繁多，且对文化产业结构安全的影响程度不一，有的因素对文化产业结构安全影响较大，有的则对文化产业安全影响较小，运用多元统计分析中的主成分分析方法，选取系统中解释较强的若干主要要素。主成分分析方法是研究如何通过少数几个要素来解释绝大多数信息的一种多元统计方法。主成分分析法认为系统是相互关联的，只要抓住系统的几个主要的要素状态就能够把握系统的全局，这几个主要要素可反映问题的综合指标。

4.1.4 建立系统的结构模型

根据前文所述，提出文化产业结构安全评价系统模型，如图 4-1 所示。在文化产业政策、文化产业资源、文化产业供求和文化产业国际化 4 个子系统中，离散出很多个要素。在选定要素集之后，采用相关统计数据，运用主成分分析法，对要素进行筛选，最终选出具有代表性，且对文化产业结构安全影响较大的主要要素。

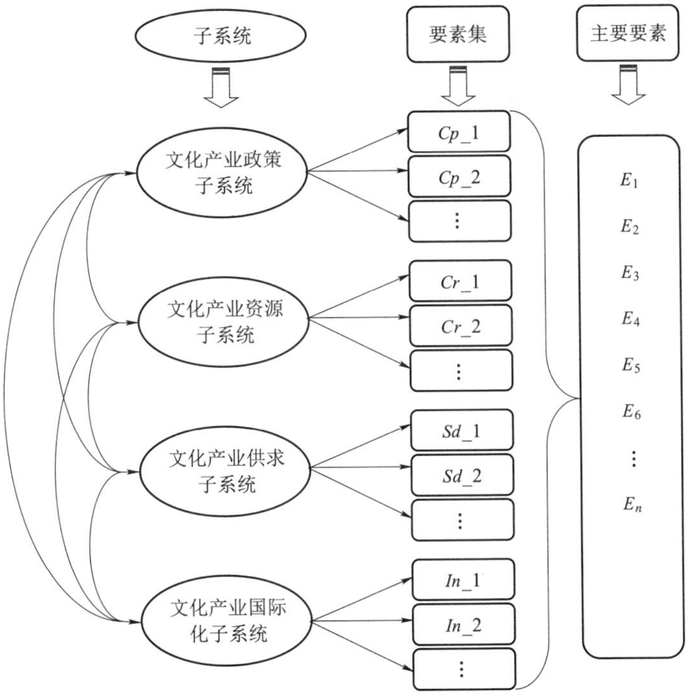

图 4-1 文化产业结构安全评价系统模型

4.2 数据处理

4.2.1 指标权重处理

考察三级指标 j 对第三层其余指标 k（$k \neq j$）的影响程度。对指标 j，以其他指标 k 的指标值序列为参考序列，以指标 j 的指标序列为比较序列，求得指标 j 相对于其他指标 k 的范数灰关联度 ε_{jk}（$1 \leqslant j \leqslant n$，$1 \leqslant k \leqslant n$），其中 $\varepsilon_{jk}=1$，即指标和自身的关联度最大。记

$$\boldsymbol{\varepsilon}=\begin{pmatrix} 1 & \varepsilon_{12} & \cdots & \varepsilon_{1n} \\ \varepsilon_{21} & 1 & \cdots & \varepsilon_{2n} \\ \vdots & \vdots & \ddots & \vdots \\ \varepsilon_{n1} & \varepsilon_{n2} & \cdots & 1 \end{pmatrix}$$

其中，ε_{jk}表示第j个指标与第k个指标的范数灰关联度。

借鉴范数灰关联度的思想，来求得某指标的群范数灰关联度。

$\varepsilon^{+}=\{\max_j\varepsilon_{jk}\mid 1\leqslant j\leqslant n, 1\leqslant k\leqslant n\}=\{\varepsilon^{+}(k)\mid 1\leqslant k\leqslant n\}$为关联系数理想列。

$\varepsilon^{-}=\{\max_j\varepsilon_{jk}\mid 1\leqslant j\leqslant n, 1\leqslant k\leqslant n\}=\{\varepsilon^{-}(k)\mid 1\leqslant k\leqslant n\}$为关联系数负理想列。

第j个指标序列的范数灰关联系数列（ε_{j1}，ε_{j2}，…，ε_{jn}）的两个范数定义为

$$d_j^{+}=\sqrt{\sum_{k=1}^{n}\left[\varepsilon_{jk}-\varepsilon^{+}(k)\right]^2}$$

$$d_j^{-}=\sqrt{\sum_{k=1}^{n}\left[\varepsilon_{jk}-\varepsilon^{-}(k)\right]^2}$$

指标j的群范数灰关联度为

$$\varepsilon_j=\frac{d_j^{-}}{d_j^{+}+d_j^{-}}$$

指标j的权重为

$$w_j=\frac{\varepsilon_j}{\sum_{j=1}^{n}\varepsilon_j}$$

最后得到权重序列为$\boldsymbol{W}=(w_1,w_2,\cdots,w_n)$。

4.2.2 指标的无量纲化处理

我国文化产业结构安全指数的计算方法是定全累加法，权重是由指数自身的设计框架和专家的意见相结合确定的，目前国际主流评价体系如“联合国电子政府的评价”等都是采取定权累加，本文通过不同方法测算，结合专家意见，最终确定定权累加这一方法。中国文化产业结构安全指数评价无量纲化数学模型为：

$$X_i'=\left[\frac{X_i-\min(X_i)}{\max(X_i)-\min(X_i)}\right]\times 40+60$$

式中X_i'是单项指标标准值，X_i是单项指标实际值，$\max(X_i)$是单项指标的最大值，$\min(X_i)$是单项指标的最小值。

指数合成模型为

$$Y = \frac{\sum_{j=0}^{m} X_j}{m}$$

式中，Y 是评价对象的综合指数，X_j是评价指标。

4.3 指标体系

通过对指标的处理，可获得文化产业结构安全评价指标体系，如表 4-1 所示。

表 4-1 文化产业结构安全评价指标体系

一级指标	二级指标	三级指标
文化产业政策	产业活力	文化产业投入总量
		文化产业投入人均值
		文化产业消费占居民收入比
		文化产业消费占居民支出比
	政策效力	人事政策
		财政税收政策
		金融政策
		行政措施
	政策工具	知识产权保护
		技术引进与扩散
		消化吸收
		创新
		科技成果转化
文化产业资源	文化资源	文化资源指数
	文化技术	文化技术指数
	文化资本	文化资本指数

续表

一级指标	二级指标	三级指标
文化产业供求	供给能力	文化产业固定资产投资
		文化产业从业人数
		文化产业法人活动单位数
		文化产业生产总值
		人均文化产业产值
	需求能力	文化娱乐用品及服务价格指数
		居民教育文化娱乐人均支出
		人口中 15～64 岁人口及比重
		人均可支配收入
文化产业国际化	贸易规模	文化货物贸易规模
		文化服务贸易规模
	贸易产品结构	出口产品结构
		进口产品结构
	贸易市场结构	出口市场结构
		进口市场结构
	贸易竞争力	国际市场占有率
		文化产品竞争力指数

4.4 中国文化产业结构安全评价

4.4.1 文化产业政策评价

政策是一个国家的政府和政党有关行动的规则体系，是政府、政党或其他组织为实现其目标而制定的各种规则和采取的各种行动的总和，其表达方式可以是法律、法令、章程、规定、规划、方案、计划等，一般会包括对所要处理的事项必须遵循的原则、政策目标、行动方式、执行者、目标对象、具体的行动规则等的说明和解释。①

① 关信平．社会政策概论［M］．北京：高等教育出版社，2009：5.

文化产业政策对文化产业结构安全的评价要以公众参与度、可预见性、程序公正性为原则，以效果、效率、效能及其充分性为标准，以效能、效率、充分性、适当性、公平性、反应度和执行能力等七项标准为政策评价指标。总的来说文化产业政策对文化产业结构安全影响的评价系统可分为政策系统、政策过程和政策结果三大子系统。其中，政策系统包括政策主体、政策客体、政策环境、政策工具四个方面；政策过程包括政策制定、执行、监控、评估、终结等过程；政策结果主要是指政策实施后的效果。①

文化产业政策安全评价是为了避免政府失灵，可以从产业活动、政策效力和政策工具三大维度进行分析（见图 4-2）。

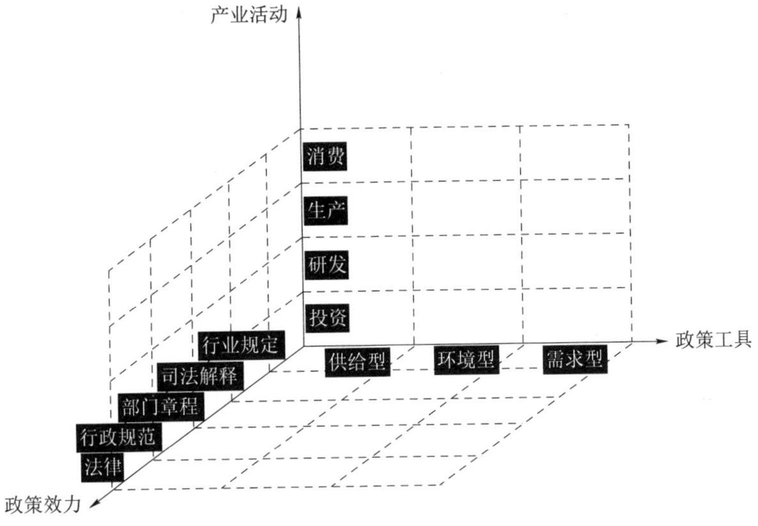

图 4-2 文化产业政策安全评价三大维度

1）产业活动维度

产业活动维度是从文化产业价值链角度来分析文化产业政策的安全性。文化产业价值链包括内生价值链、横向价值链和协同价值链等三条产业价值链，包括文化素材、内容研发、产品生产、传播载体、消费终端、产业内转化和产业外转化等多个环节。在这些环节中，文化产业活动一般由投资、研发、生产和消费等要素组成。

① 高兴武．公共政策评估：体系与过程［J］．中国行政管理，2008（2）：58-62.

2000—2013 年，全国文化产业投入总量增长了 747.31%，年均增长 17.87%。其中，“十五”期间，全国文化产业投入总量增长 134.24%，年均增长 18.56%；“十一五”期间，全国文化产业投入总量增长 119.32%，年均增长 17.01%；“十二五”前 3 年，全国文化产业投入总量增长 64.93%，年均增长 18.15%。全国文化产业投入总量最高增长年度为 2009 年，增长 27.14%；全国文化产业投入总量最低增长年度为 2007 年，增长 6.73%。2000—2013 年全国文化产业投入总量与年增长率如图 4-3 所示。

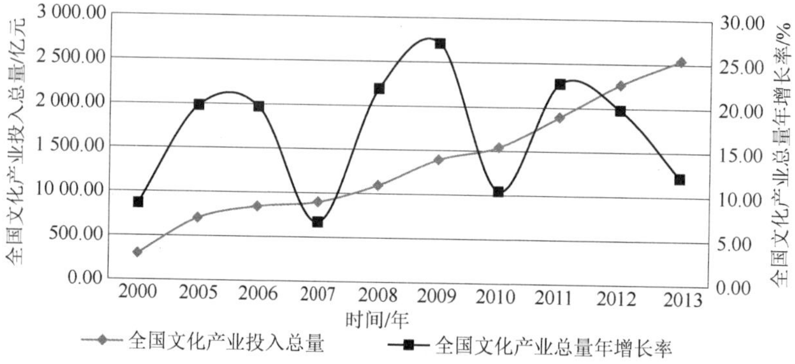

图 4-3　2000—2013 年全国文化产业投入总量与年增长率

说明：缺 2001—2004 年数据。

2000—2013 年，全国文化产业投入人均值增长 688.27%，年均增长 17.21%。其中，“十五”期间，全国文化产业投入人均值增长 126.87%，年均增长 17.80%；“十一五”期间，全国文化产业投入人均值增长 113.73%，年均增长 16.41%；“十二五”前 3 年，全国文化产业投入人均值增长 62.56%，年均增长 17.58%。全国文化产业投入人均值最高增长年度为 2009 年，增长 26.49%；全国文化产业投入人均值最低增长年度为 2007 年，增长 6.17%。2000—2013 年全国文化产业投入人均值与年增长率如图 4-4 所示。

2000—2013 年，全国文化产业消费占居民收入比由 5.82% 下降为 5.17%，降低了 0.65 个百分点。其中，“十五”期间全国文化产业消费占居民收入比提高 6.95%，“十一五”期间全国文化产业消费占居民收入比降低 14.14%，“十二五”前 3 年全国文化产业消费占居民收入比降低 3.26%。全国文化产业消费占居民收入比最高为 2002 年的 6.38%，全国文化产业消费占居民收入比最低为 2012 年的 5.10%。

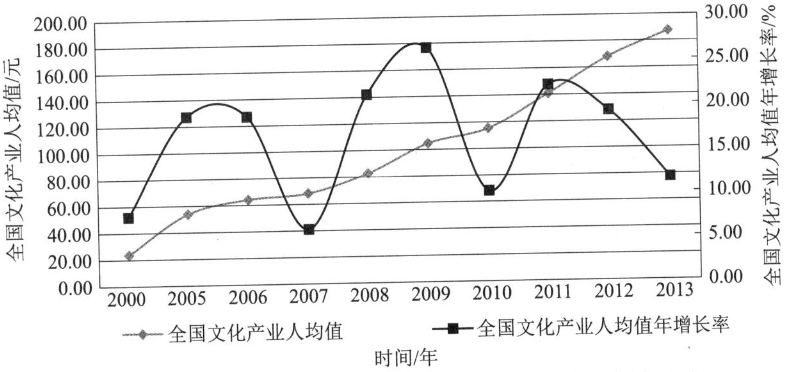

图 4-4 2000—2013 年全国文化产业投入人均值与年增长率

说明：缺 2001—2004 年数据。

2000—2013 年，全国文化产业消费占居民支出比由 7.51% 下降为 7.53%，提高了 0.02 个百分点。其中，“十五”期间全国文化产业消费占居民支出比提高 8.20%，“十一五”期间全国文化产业消费占居民支出比降低 7.94%，“十二五”前 3 年全国文化产业消费占居民支出比提高 0.68%。全国文化产业消费占居民支出比最高为 2002 年的 8.30%，全国文化产业消费占居民支出比最低为 2008 年的 7.12%。2000—2013 年全国文化产业消费占居民收入及支出比如图 4-5 所示。

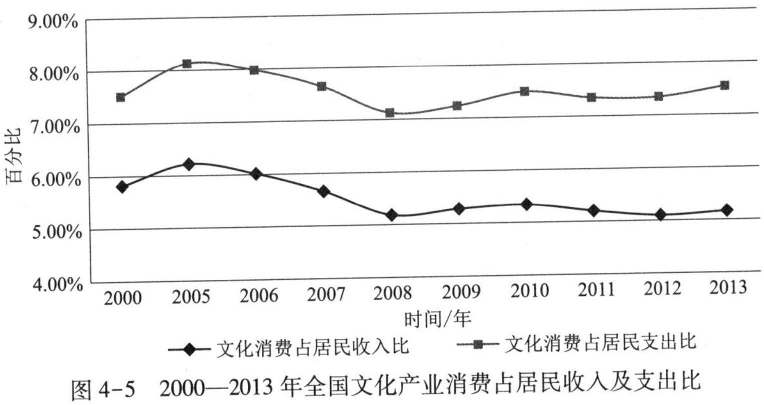

图 4-5 2000—2013 年全国文化产业消费占居民收入及支出比

说明：缺 2001—2004 年数据。

2）政策效力维度

政策效力维度是从文化产业政策的效力角度分析政策工具之间的效力等级关系。文化产业政策的颁布主体和表现形式具有不同的等级和层次划分，其效力也表现为不同的层次性或等级性。在中国，文化产业政策效力层次具有多层次性的结构特征，可以分为行业规定、司法解释、部门章程、行政规范、法律五个层次，具有从低到高不同的政策效力。文化产业结构安全政策效力评价标准见表 4-2。

表 4-2 文化产业结构安全政策效力评价标准

政策效力	得分	评分标准
人才政策	5	最大限度地培养、引进人才，有详细的人才奖励、表彰制度；有非常完善的社会福利与保障制度
	3	对有贡献的人员有报酬等奖励，并记入人事档案；有比较完善的社会福利与保障制度
	1	仅提及人事、人才等字眼，未作详细说明
财政税收政策	5	在财政上给予大力支持，有具体的支持办法或额度；在税收上给予大力优惠，制定了优惠办法并提出了优惠目录、额度
	3	提出在财政、税收等方面大力支持文化产业，但未提出相关支持额度，未制定相关办法或目录
	1	仅提及给予财政税收优惠，未制定相关额度或目录
金融政策	5	给予文化产业信贷优惠，并制定相关支持办法或支持机制；制定相关信贷监管办法，完善支持文化产业相关信贷政策等
	3	强调完善支持文化产业发展的金融政策；要求加强信贷监管；没有制定具体实施细则
	1	仅提及利用信贷等金融措施推动文化产业发展
行政措施	5	明确提出政府购买或保护的文化产品，扩大审批管理范围，并简化行政程序；对政府支持项目优先处理；相应的办法和规定很完善
	3	提出要放宽审批范围，要求制定相关政策制度，但未制订方案
	1	仅提及上述条款

3）政策工具维度

政策工具维度是分析政府为达到文化产业政策目标而采用的手段组合，其核心是“如何将政策意图转变为管理行为，将政策理想转变为政策现实”，包括工具、技术和手段三个层次。[①] 文化产业政策工具可以按照政策工具的类型分为供给型、环境型和需求型三种政策工具。其中，供给型政策

① 黄红华．政策工具理论的兴起及其在中国的发展［J］．社会科学，2010（4）：13-19.

工具主要对文化产业产生较为直接的推动作用。它通过影响人才、资金、信息和基础设施等要素，直接扩大该产业的供给，改善产业相关要素配比，具体可分为人力资源培养、科技信息支持、基础设施建设、资金投入和公共服务等。环境型政策工具主要由政府制定的政策法规构成，用以构建一个适合文化产业良好发展的经济、政治和社会环境，通过间接的影响力来促进产业发展，大多主要影响产业融资、税收激励、知识产权保护等因素，以引导产业健康发展。需求型政策工具则从产生需求的角度直接作用于文化产业，主要用来为产业创造需求，开拓和稳定市场环境，通过政策采购外包等手段刺激市场需求，或采取贸易管制等措施促进国内的文化产业发展。① 文化产业结构安全政策工具评价标准见表 4-3。

表 4-3 文化产业结构安全政策工具评价标准

政策工具	得分	评分标准
知识产权保护	5	明确知识产权保护是重要的政策工具，并详细制订使用该工具实现目标的行动方案，且目标的实现对文化产业创新有明显作用
	3	在各部门或领域内加强保护知识产权，并提及相应的措施
	1	仅涉及知识产权保护
技术引进与扩散	5	明确提出技术引进与扩散为政策目标，并规定一系列措施实现该目标（如给予特别优惠、简化行政审批程序等）
	3	支持技术引进、扩散；给予某些方面的优惠；简化行政手续
	1	没有相关优惠政策；行政审批较为严格
消化吸收	5	强调消化吸收是非常重要的政策目标或任务，并制订详细的方案（如编制专门计划、设立专项基金等）
	3	提及消化吸收；建立规章制度以规范消化吸收活动；奖励消化吸收活动
	1	仅谈及消化吸收
创新	5	明确提出创新，并有相应的行动方案（如建立创新体系）；从各个方面给予文化创意产业支持
	3	提及创新，但只从特定方面对文化产业创新给予支持（如编制专门的创新计划）
	1	仅提及创新

① 周格非，周庆山．我国数字内容产业政策的内容分析与完善策略［J］. 图书情报工作，2014（10）：11-18.

续表

政策工具	得分	评分标准
科技成果转化	5	明确强调科技成果转化的政策目标，制订相应的行动方案，从各方面给予支持
	3	提及科技成果转化，但只从某些方面促进科技成果转化
	1	仅提及科技成果转化

4.4.2 文化产业资源评价

文化产业资源指标的构建符合明确性、可衡量性、可达成性、相关性、时限性原则。指标体系的建立在结合可操作性的基础上要做到有科学依据，符合国际国内法律法规，指标信息的采集要客观、准确、可靠。总的来说，文化产业资源对文化产业结构安全影响的评价系统可分为文化资源、文化技术、文化资本3个子系统。文化资源主要指狭义上的文化资源，包括有形的物质资源（如物质文化遗产、图书馆、博物馆、电影院与档案馆等）和无形的精神资源（如人类口头和非物质文化遗产等），可分为场馆类资源（如文化娱乐场所、艺术表演场馆、艺术馆、图书馆、博物馆等）、人文类资源（如非物质文化遗产等）和文化产业基地（园区）三类。文化技术由人才来提供，归根结底体现为人力资源的竞争。人力资源（智力资源）是发展文化产业的核心要素。因为文化产业属于智力密集型产业，所以文化产业的竞争常常表现为优秀人才资源的竞争。文化资本是任何与文化及文化活动相关的有形及无形资产，它是决定经济增长的一种关键性生产要素和最终解释变量。

1）文化资源

相比于2013年，2014年广东、山东、北京、江苏、浙江、四川、上海、河北、河南、辽宁等省（直辖市）的文化资源指数均未发生较大变化，这说明这些地区的文化资源比较丰富、稳定。与2010年相比，山东、河南排名前进了19位，实现了较大的跨越，这表明山东、河南两省文化资源发展迅速。北京、广东、江苏、上海等省（直辖市），由于大学数量、博物馆文物藏品数量、图书馆馆藏数量，以及文化产业基地数量等各个文化资源方面的优势，文化资源指数位于前列。同样，文化资源指数位于末位的几个省

（自治区），则是由于文化资源的相对匮乏。

2014 年北京、广东的文化资源指数超过 80.0，江苏为 78.8，紧随其后；2013 年北京、广东的文化资源指数超过 81.0，上海为 79.2，略有差距，位列第三。其中，北京在博物馆文物藏品量、文化产业基地数量、艺术表演场馆座席数量等方面具有优势；广东在大学数量、非物质文化遗产名录数量（省级以上）、图书馆藏书量、文化产业基地数量、文化娱乐类场所数量、艺术馆（文化馆、文化站）数量等诸多方面的竞争力非常显著；江苏在大学数量、博物馆文物藏品量、图书馆藏书量、艺术表演场馆座席数量、文化娱乐类场所数量等方面有较大优势。文化指数在 70.0～78.0 区间的省（自治区、直辖市）有 14 个，其中辽宁、河南、安徽、山东等省拥有较多的大学，辽宁、上海、山东、四川在博物馆文物藏品量方面具有很大的优势，河南、山西、浙江在文化场馆资源方面较其他地区具有绝对的优势。文化资源指数最低的贵州、宁夏、西藏、海南，在人文类资源、文化产业数量、文化场馆资源三个方面都非常匮乏。2013—2014 年中国部分地区文化资源指数及其排名见表 4-4。

表 4-4　2013—2014 年中国部分地区文化资源指数及其排名①

地区	2013 年		2014 年	
	文化资源指数	排名	文化资源指数	排名
广东	81.1	1	80.1	2
山东	73.4	8	73.9	7
北京	81.1	2	81.0	1
江苏	76.5	5	78.7	3
浙江	75.3	6	75.2	6
四川	78.7	4	77.4	5
上海	79.2	3	77.9	4
河北	72.5	11	71.6	12
河南	73.6	7	73.2	8
辽宁	73.3	9	72.9	9

① 彭翊．中国省市文化产业发展指数报告：2015［M］．北京：中国人民大学出版社，2015：28，36.

2010—2014 年中国文化产业文化资源指数对比，如图 4-6 所示。可以看出，2010—2014 年，中国文化产业文化资源指数下降了 0.8。

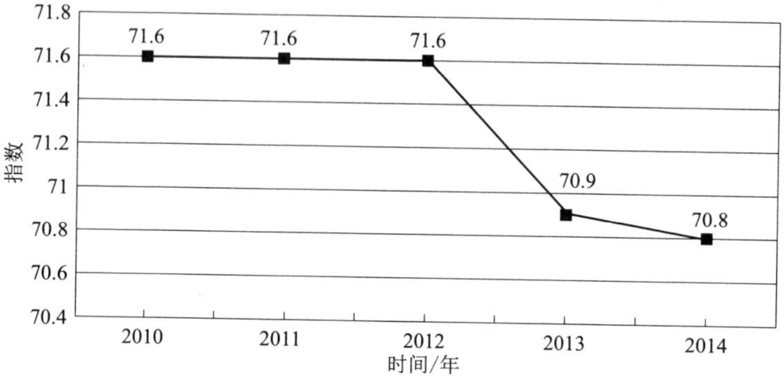

图 4-6 2010—2014 年中国文化产业文化资源指数对比

从文化资源聚类分析结果看，第一类是广东、山东、江苏、浙江 4 个省，它们文化资源指数有非常明显的优势，但均衡度一般，这里将其定义为强势地区；第二类是北京、四川、上海、河北、河南、辽宁、湖南、山西、福建、云南、安徽、湖北、陕西、天津、江西、黑龙江、重庆、广西、吉林、内蒙古、甘肃等 21 个省（自治区、直辖市），它们文化资源指数一般，均衡度较低，表明此类地区仍处于快速变化中，此处将其定义为普通地区；第三类是青海、新疆、贵州、西藏、宁夏、海南等 6 个省（自治区），它们文化资源指数较低，指数均衡度较高，此类地区在整体上处于弱势，在此将其定义为劣势地区。2013—2014 年中国部分地区文化资源指数聚类特征见表 4-5。

表 4-5 2013—2014 年中国部分地区文化资源指数聚类特征①

类别	地区	特征值	2013	2014
强势	广东、山东、江苏、浙江	均值	76.6	77.7
		均衡度	0.043	0.044

① 彭翊．中国省市文化产业发展指数报告：2015［M］. 北京：中国人民大学出版社，2015：29，37.

续表

类别	地区	特征值	2013	2014
普通	北京、四川、上海、河北、河南、辽宁、湖南、山西、福建、云南、安徽、湖北、陕西、天津、江西、黑龙江、重庆、广西、吉林、内蒙古、甘肃	均值	71.4	74.8
		均衡度	0.057	0.049
劣势	青海、新疆、贵州、西藏、宁夏、海南	均值	65.3	69.9
		均衡度	0.015	0.059

2）文化技术

相比于2013年，2014年大多数省（自治区、直辖市）的文化产业文化技术指数呈现小幅度的下降或不变。

由于文化产业属于智力密集型产业，因此相关人才的技术水平对各地文化产业结构的调整有着举足轻重的作用。广东省在文化技术指数方面表现得最好，这一方面是因为广东省的文化产业规模比较大，具备更多的文化产业方面的人才和技术，从而为文化产业提供更多的技术支撑；另一方面是因为广东省经济发展水平一直处在全国前列，这为技术提升提供了较好的物质保障，对文化产业技术人才的吸引力也更大。广东省的文化技术指数在2013年和2014年两年连续排名第一，且数值远远超过第二名。紧随其后的分别为浙江、山东、江苏三省，它们的排名在2013年和2014年均没有发生变化。其余各省（自治区、直辖市）2014年文化技术指数数值与2013年相比，没有较大波动。但是，各省（自治区、直辖市）之间的文化技术指数最高与最低之间的差为35.0，广东省最高，文化技术指数为100.0，青海省最低，文化技术指数为65.0。除了前四名文化技术指数在80.0以上之外，其余都为65.0～80.0，相对比较集中。河北、河南、四川、福建等11个省（自治区、直辖市）的文化技术指数为70.0～80.0，这些省份既要保持现有的技术发展水平，又要采取措施吸引先进的文化技术，以此促进文化产业的发展和文化产业结构的调整。除此之外，有16个省（自治区、直辖市）的文化技术指数为65.0～70.0，其中，新疆、宁夏、西藏、海南、青海连续两年都位列后五名，这与它们的经济发展水平和文化产业发展水平密切相关。2013—2014年中国部分地区文化技术指数及其排名，见表4-6。

表 4-6 2013—2014 年中国部分地区文化技术指数及其排名①

地区	2013 年		2014 年	
	文化技术指数	排名	文化技术指数	排名
广东	100.0	1	100.0	1
山东	81.6	3	82.6	3
北京	78.7	5	78.6	6
江苏	80.4	4	80.1	4
浙江	84.5	2	84.4	2
四川	74.6	7	73.9	8
上海	74.2	8	73.7	9
河北	77.7	6	79.2	5
河南	74.0	9	74.0	7
辽宁	69.3	17	68.4	18

2010—2014 年中国文化产业文化技术指数对比，如图 4-7 所示。可以看出，2010—2014 年，中国文化产业文化技术指数上升了 1.6。

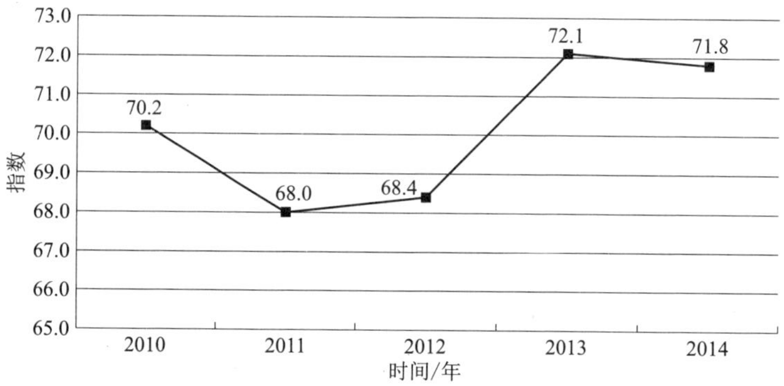

图 4-7 2010—2014 年中国文化产业文化技术指数对比

从文化技术聚类分析结果看，第一类是广东、山东、江苏、浙江 4 个省，它们文化技术指数有非常明显的优势，均衡度一般，这里将其定义为强

① 彭翊．中国省市文化产业发展指数报告：2015 [M]．北京：中国人民大学出版社，2015：28，36.

势地区；第二类是北京、四川、上海、河北、河南、辽宁、湖南、山西、福建、云南、安徽、湖北、陕西、天津、江西、黑龙江、重庆、广西、吉林、内蒙古、甘肃等21个省（自治区、直辖市），它们文化技术指数一般，均衡度较低，表明此类地区仍处于快速变化中，此处将其定义为普通地区；第三类是青海、新疆、贵州、西藏、宁夏、海南等6个省（自治区），它们文化技术指数较低，指数均衡度较高，此类地区在整体上处于弱势，在此将其定义为劣势地区。2013—2014年中国部分地区文化技术指数聚类特征，见表4-7。

表4-7 2013—2014年中国部分地区文化技术指数聚类特征①

类别	地区	特征值	2013	2014
强势	广东、山东、江苏、浙江	均值	86.6	92.2
		均衡度	0.105	0.120
普通	北京、四川、上海、河北、河南、辽宁、湖南、山西、福建、云南、安徽、湖北、陕西、天津、江西、黑龙江、重庆、广西、吉林、内蒙古、甘肃	均值	71.1	80.6
		均衡度	0.047	0.022
劣势	青海、新疆、贵州、西藏、宁夏、海南	均值	65.7	69.2
		均衡度	0.012	0.049

3）文化资本

相比于2013年，2014年大部分地区的文化资本指数呈现上升趋势，只有上海和辽宁下降。在文化资本指数上升的地区中，大部分都为较大幅度的提升。

各地区文化资本指数差距巨大，指数最高的山东与指数最低的宁夏之间指数相差30.0。山东的文化资本指数在2013—2014年均为100.0，宁夏的文化资本指数在2013—2014年均为70.0。同时，江苏省连续两年位居第二，文化资本指数分别为83.9和87.9，但与第一名也有较大差距。其余地区中，除辽宁、河北、浙江、河南外，指数均为70.0～80.0。从文化资本指数来看，2014年各地区的指数较2013年的指数波动不大。虽然各地区的文化资

① 彭翊．中国省市文化产业发展指数报告：2015［M］．北京：中国人民大学出版社，2015：29，37.

本指数差异不大，但是在实际的投资量上差异却较大。在文化产业人均固定资产投资上，山东最多，为699.368亿元，江苏次之，为424.353亿元，河北位居第三，为342.916亿元，其余各省（自治区、直辖市）都在300.00亿元以下。投资在100.00亿元以下的有10个地区，其中宁夏最少，仅为16.287亿元。从数据上可以看出，我国文化产业的人均固定资产投资差异较大，而且投资水平整体较低，在很大程度上制约了我国文化产业的发展和文化产业的结构调整。2013—2014年中国部分地区文化资本指数及其排名，见表4-8。

表4-8 2013—2014年中国部分地区文化资本指数及其排名①

地区	2013年		2014年	
	文化资本指数	排名	文化资本指数	排名
广东	76.3	11	79.2	7
山东	100.0	1	100.0	1
北京	73.1	24	74.2	20
江苏	83.9	2	87.9	2
浙江	78.7	5	81.1	5
四川	76.7	9	77.8	9
上海	73.6	21	73.1	25
河北	78.9	4	84.3	3
河南	77.6	7	80.8	6
辽宁	81.9	3	81.6	4

2010—2014年中国文化产业文化资本指数对比，如图4-8所示。可以看出，2010—2014年，中国文化产业文化资本指数上升了7.9，上升幅度较大。

从文化资本聚类分析结果看，第一类是广东、山东、江苏、浙江四省，它们文化资本指数有非常明显的优势，均衡度一般，这里将其定义为强势地区；第二类是北京、四川、上海、河北、河南、辽宁、湖南、山西、福建、云南、安徽、湖北、陕西、天津、江西、黑龙江、重庆、广西、吉林、内蒙古、甘肃等21个省（自治区、直辖市），它们文化资本指数一般，均衡度较

① 彭翊．中国省市文化产业发展指数报告：2015［M］．北京：中国人民大学出版社，2015：28，36.

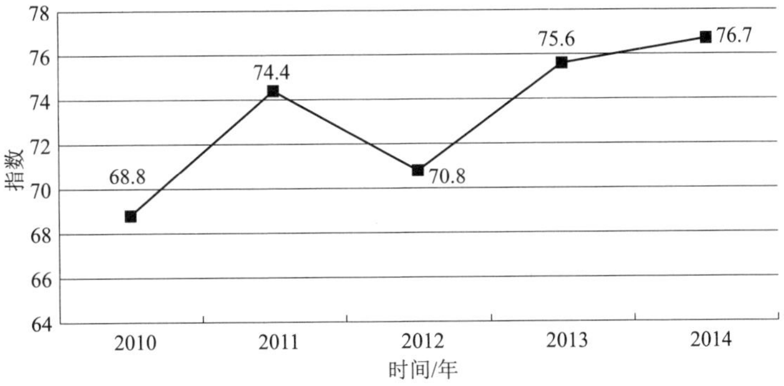

图 4-8 2010—2014 年中国文化产业文化资本指数对比

低，表明此类地区仍处于快速变化中，此处将其定义为普通地区；第三类是青海、新疆、贵州、西藏、宁夏、海南等 6 个省（自治区），它们文化资本指数较低，指数均衡度较高，此类地区在整体上处于弱势，此处将其定义为劣势地区。2013—2014 年中国部分地区文化资本指数聚类特征，见表 4-9。

表 4-9 2013—2014 年中国部分地区文化资本指数聚类特征①

类别	地区	特征值	2013	2014
强势	广东、山东、江苏、浙江	均值	84. 7	80. 2
		均衡度	0. 126	0. 017
普通	北京、四川、上海、河北、河南、辽宁、湖南、山西、福建、云南、安徽、湖北、陕西、天津、江西、黑龙江、重庆、广西、吉林、内蒙古、甘肃	均值	75. 3	90. 8
		均衡度	0. 031	0. 090
劣势	青海、新疆、贵州、西藏、宁夏、海南	均值	70. 7	74. 8
		均衡度	0. 009	0. 040

4.4.3 文化产业供求评价

1）供给能力

近年来，我国对文化产业支持力度不断加大，尤其是以《文化产业振兴

① 彭翊．中国省市文化产业发展指数报告：2015［M］．北京：中国人民大学出版社，2015：29，37.

规划》为代表的一系列政策的出台，有力地推动了我国文化产业的快速发展，在此背景下，我国文化产业的固定资产投资也呈现快速增长的势头。2005 年以来，我国文化产业固定资产投资总体保持较快增长，投资规模持续扩大。2013 年，我国文化、体育和娱乐业完成固定资产投资 5 231. 11 亿元，同比增长 22. 47%。2005—2013 年文化及其相关产业固定资产投资增长率，见表 4-10。

表 4-10　2005—2013 年文化及其相关产业固定资产投资增长率

年份	固定资产投资额/亿元	增长率/%
2005	682. 27	—
2006	955. 40	40. 03
2007	1 243. 40	30. 14
2008	1 589. 93	27. 87
2009	2 383. 40	49. 91
2010	2 959. 40	24. 17
2011	3 161. 97	6. 84
2012	4 271. 30	35. 08
2013	5 231. 11	22. 47

说明：表中“固定资产投资额”为《中国统计年鉴》中的“文化、体育和娱乐业固定资产投资”。表中数据来自《中国统计年鉴》。

从固定资产投资增长率来看，2005—2013 年，固定资产投资额都呈现出增长态势，并且除 2011 年以外，增长率都在 20% 以上，2009 年还出现了接近 50% 的高增长率。2005—2013 年文化及其相关产业固定资产投资增长率，如图 4-9 所示。这说明，在我国为促进文化产业发展，大量的固定资产投资被应用于相关产业中，这对促进文化产业繁荣，维护文化产业安全是有益的。文化产业固定资产投资越多，投资增长率越高，对维护文化产业发展安全越有利。因此，文化产业固定资产投资额的增加有利于维护文化产业安全。

随着文化产业发展受到国家进一步的重视和强调，以及一系列有关扶持政策的出台，中国文化产业的发展进程明显加快，取得的成绩令人瞩目。但文化产业快速发展的同时也暴露出一些突出问题，中国文化产业发展只反映出增量的增长，内涵式发展明显不足。文化产业对我国总体就业贡献微乎其微，在 2005—2013 年间的文化产业从业人员占社会就业人员比重不到 0. 20%，而同期美国全部版权产业就业人数占当年美国就业人口总数的

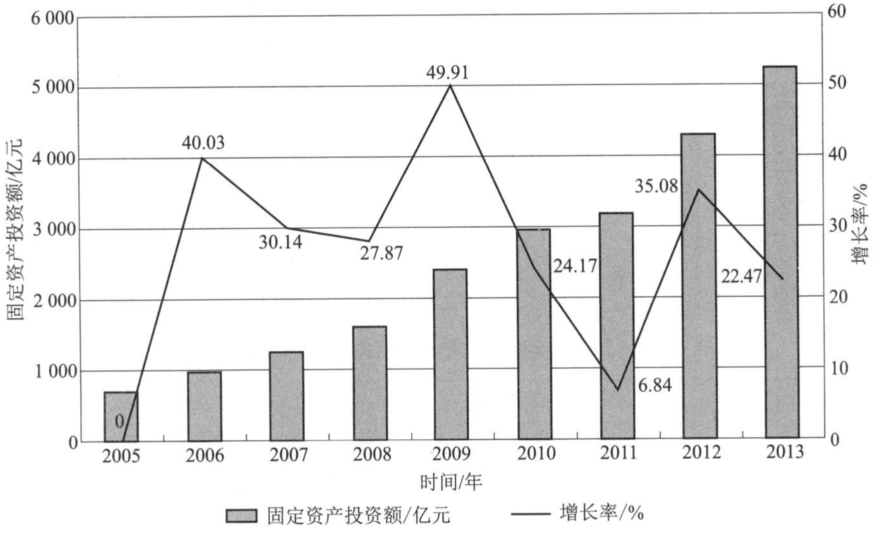

图 4-9 2005—2013 年文化及其相关产业固定资产投资增长率

8.4%。创意产业也是英国容纳就业的第一大产业，所有创意就业人数占总就业人数的比例为 7.8%。由此可见，我国文化产业在提供就业方面，与文化产业发达国家相比还有很大差距，这也是制约文化产业发展的因素，也不利于维护文化产业安全。2005—2013 年文化及其相关产业从业人数占社会就业人口比重见表 4-11。

表 4-11 2005—2013 年文化及其相关产业从业人数占社会就业人口比重

年份	从业人员数量/万人	就业人口总数/万人	比重/%
2005	122.50	74 647	0.164
2006	122.40	74 978	0.163
2007	125.00	75 321	0.166
2008	126.00	75 564	0.167
2009	129.50	75 828	0.171
2010	131.40	76 105	0.173
2011	134.99	76 420	0.177
2012	137.74	76 704	0.180
2013	146.95	76 977	0.191

说明：表中“从业人员数量”为《中国统计年鉴》中的“文化、体育和娱乐业城镇单位从业人员数”，“就业人口总数”为《中国统计年鉴》中的“就业人员合计”。表中数据来自《中国统计年鉴》。

2012年2月28日，文化部发布的《文化部“十二五”时期文化产业倍增计划》，提出“十二五”期间文化部门管理的文化产业增加值年平均现价增长速度高于20%，2015年比2010年至少翻一番，实现倍增的奋斗目标。2008—2013年文化及相关产业增加值增长率，见表4-12。从2008—2013年文化及相关产业增加值增长率中的数据可以看出，2013年文化产业增加值已接近2010年的2倍，到2015年这一目标可以基本实现。因此，文化产业增加值不断增长，并且保持较高的增长率对维护文化产业安全是有利的。

表4-12 2008—2013年文化及相关产业增加值增长率

年份	产业增加值/亿元	增长率/%
2008	7 166	—
2009	8 786	22.61
2010	11 052	25.79
2011	13 479	21.96
2012	18 071	34.07
2013	20 081	11.12

说明：表中数据来自《中国文化及相关产业统计年鉴》。

2）需求能力

文化娱乐用品及服务价格指数从需求的角度反映了文化产品和服务的价格变化趋势。2005—2014年文化娱乐用品及服务价格指数见表4-13。2005—2014年，除2009年以外，每年的居民消费价格指数都在增长。文娱用耐用消费品及服务价格指数连续数年小于100，即该类产品和服务的价格在持续降低；文化娱乐消费价格指数连续数年大于100，即该类产品和服务的价格在持续升高；旅游消费价格指数呈现波动，但总体呈上升趋势。

表4-13 2005—2014年文化娱乐用品及服务价格指数

年份	居民消费价格指数	文娱用耐用消费品及服务价格指数	文化娱乐消费价格指数	旅游消费价格指数
2005	101.8	93.8	101.2	99.6
2006	101.5	94.2	101.0	103.1
2007	104.8	93.1	101.0	102.3

续表

年份	居民消费价格指数	文娱用耐用消费品及服务价格指数	文化娱乐消费价格指数	旅游消费价格指数
2008	105. 9	92. 3	101. 3	101. 1
2009	99. 3	90. 6	102. 5	97. 5
2010	103. 3	94. 3	101. 0	104. 9
2011	105. 4	93. 7	101. 1	103. 8
2012	102. 6	94. 5	101. 3	101. 7
2013	102. 6	96. 3	101. 4	104. 0
2014	102. 0	97. 3	101. 3	105. 0

说明：表中数据来自《中国文化及相关产业统计年鉴》，其中指数以上一年 100 为基础。

城镇居民教育文化娱乐人均支出的水平体现了居民消费能力的高低。2000—2014 年全国城镇居民教育文化娱乐人均支出及其占可支配收入比重，如表 4-14 所示。从表 4-14 中的统计数据可以看出，2000—2014 年我国城镇居民教育文化娱乐人均支出持续增长，从 2000 年的每年人均支出 669. 6 元增长到了 2014 年的 1 535. 9 元。但随着城镇居民人均可支配收入的增加，教育文化娱乐人均支出在人均可支配收入中所占的比重却在不断下降，从 2000 年的 10. 66%下降到 2014 年的 5. 32%，尽管各别年份有小幅的回涨，但总体呈下降趋势。

表 4-14　2000—2014 年全国城镇居民教育文化娱乐人均支出及其占可支配收入比重

年份	城镇居民人均可支配收入/元	城镇居民教育文化娱乐人均支出/元	比重/%
2000	6 280. 0	669. 6	10. 66
2001	6 859. 6	690. 0	10. 06
2002	7 702. 8	902. 3	11. 71
2003	8 472. 2	934. 4	11. 03
2004	9 421. 6	1 032. 8	10. 96
2005	10 493. 0	1 097. 5	10. 46
2006	11 759. 5	1 203. 0	10. 23
2007	13 785. 8	1 329. 2	9. 64

续表

年份	城镇居民人均可支配收入/元	城镇居民教育文化娱乐人均支出/元	比重/%
2008	15 780. 8	1 358. 3	8. 61
2009	17 174. 7	1 472. 8	8. 58
2010	19 109. 4	1 627. 6	8. 52
2011	21 809. 8	1 851. 7	8. 49
2012	24 564. 7	2 033. 5	8. 28
2013	26 467. 0	1 397. 7	5. 28
2014	28 843. 9	1 535. 9	5. 32

说明：表中数据来自《中国统计年鉴》。

在人口结构中，15～64 岁的人口被认为劳动适龄人口，对其他年龄阶段的人负有抚养和赡养义务，15～64 岁的人口比重越大，对整体消费能力的提高就越有利。2000—2014 年中国人口中 15～64 岁人口数量及其占总人口比重，如表 4-15 所示。从统计数据看，2000—2014 年，15～64 岁人口占总人口的比重整体呈上升趋势，从 2000 年的 70. 1% 上升到 2010 年的 74. 5%，此后随着老龄化问题的加剧，这一比重连续 4 年下降，从 2010 年的 74. 5%下降到 2014 年的 73. 4%。

表 4-15　2000—2014 年中国人口中 15～64 岁人口数量及其占总人口比重

年份	人口总数/万人	15～64 岁人口数/万人	比重/%
2000	126 743	88 910	70. 1
2001	127 627	89 849	70. 4
2002	128 453	90 302	70. 3
2003	129 227	90 976	70. 4
2004	129 988	92 184	70. 9
2005	130 756	94 197	72. 0
2006	131 448	95 068	72. 3
2007	132 129	95 833	72. 5
2008	132 802	96 680	72. 7
2009	133 450	97 484	73. 0

续表

年份	人口总数/万人	15～64 岁人口数/万人	比重/%
2010	134 091	99 938	74.5
2011	134 735	100 283	74.4
2012	135 404	100 403	74.1
2013	136 072	100 582	73.9
2014	136 782	100 469	73.4

说明：表中数据来自《中国统计年鉴》。

居民可支配收入反映了居民的消费能力，居民可支配收入越多，其在文化产品和服务方面的消费才有可能增多。2000—2014 年城镇居民人均可支配收入和农村居民人均可支配收入，如表 4-16 所示。2000—2014 年，我国城镇居民人均可支配收入和农村居民人均可支配收入都在不断增长。从绝对数量来看，城镇居民人均可支配收入从 2000 年的人均 6 280.0 元增加到 2014 年的 29 381.0 元，增长了 3.67 倍；农村居民人均可支配收入从 2000 年的人均 2 253.4 元增加到 2014 年的 9 892.0 元，增长了 3.39 倍。

表 4-16　2000—2014 年城镇居民人均可支配收入和农村居民人均可支配收入

年份	城镇居民人均可支配收入		农村居民人均可支配收入	
	绝对数/元	指数	绝对数/元	指数
2000	6 280.0	383.7	2 253.4	483.4
2001	6 859.6	416.3	2 366.4	503.7
2002	7 702.8	472.1	2 475.6	527.9
2003	8 472.2	514.6	2 622.2	550.6
2004	9 421.6	554.2	2 936.4	588.0
2005	10 493.0	607.4	3 254.9	624.5
2006	11 759.5	670.7	3 587.0	670.7
2007	13 785.8	752.5	4 140.4	734.4
2008	15 780.8	815.7	4 760.6	793.2
2009	17 174.7	895.4	5 153.2	860.6
2010	19 109.4	965.2	5 919.0	954.4
2011	21 809.8	1 046.3	6 977.3	1 063.2
2012	24 564.7	1 146.7	7 916.6	1 176.9

续表

年份	城镇居民人均可支配收入		农村居民人均可支配收入	
	绝对数/元	指数	绝对数/元	指数
2013	16 955. 1	1 227. 0	8 895. 9	1 286. 4
2014	29 381. 0	1 310. 5	9 892. 0	1 404. 7

说明：表中数据来自《中国统计年鉴》，其中指数以 1978 年 100 为基础。

4.4.4 文化产业国际化评价

文化贸易的快速发展，引起党和政府对中国对外文化贸易的高度重视。这也推动着中国对外文化贸易的总体规模、商品结构、市场结构和贸易竞争力状况不断发生着变化。

中国对外文化贸易发展迅速，文化贸易规模不断扩大，文化贸易的结构不断优化。本节就从总体发展规模、产品结构、市场结构和竞争力状况对中国对外文化贸易的现状进行分析。

1）总体发展规模

伴随着全球文化贸易的快速发展，中国对外文化贸易额不断增加，贸易规模迅速扩张。总体来看，中国对外文化贸易顺差现象显著，由 2002 年的顺差 295. 93 亿美元扩大到了 2011 年的 1 259. 16 亿美元，这表明中国文化贸易对世界文化贸易的影响越来越大。

文化贸易分为文化货物贸易和文化服务贸易。2002—2011 年我国文化货物贸易总体规模迅速扩大。2011 年，中国文化货物贸易在文化贸易总额中占绝对比重，文化货物贸易进出口总额达 1 352. 24 亿美元，相当于 2002 年文化产品贸易进出口总额的 3. 86 倍，且持续保持着顺差的态势。与此同时，中国对外文化服务贸易发展迅速，2011 年，我国文化服务贸易进出口总额达 7. 31 亿美元，是 2000 年文化服务贸易进出口总额的近 15 倍。

但从贸易平衡看，2002—2011 年，我国文化贸易结构性逆差依然存在。我国文化贸易呈现总体顺差状态，其中，文化货物贸易持续出超，2011 年实现顺差 1 160. 68 亿美元。而中国对外文化服务贸易处于逆差，从 2000 年两千多万美元的逆差，达到了 2011 年两亿多美元的逆差。

2）产品结构

中国对外文化贸易产品主要包括文化艺术品、声像制品、设计品、新型媒介物、表演艺术品、印刷品和视觉设计品等。中国对外文化贸易出口产品结构呈现“一枝独秀”之势，进口产品结构呈现“花开多枝”之势。

第一，出口产品结构呈现“一枝独秀”之势。2010 年我国七大文化产品出口额所占比重，如图 4-10 所示。设计品是中国最主要的文化出口产品，占比 75% 以上。而声像制品、表演艺术品、印刷品等核心的文化产品所占比重很小，不足 3%。由此可以看出，中国对外文化贸易出口产品结构呈现“一枝独秀”态势。这虽然发挥了中国低廉制造成本优势，但是中国对外文化贸易出口产品主要是附加值低的劳动密集型产品，无法促进中国对外文化贸易竞争力的大幅度提高。

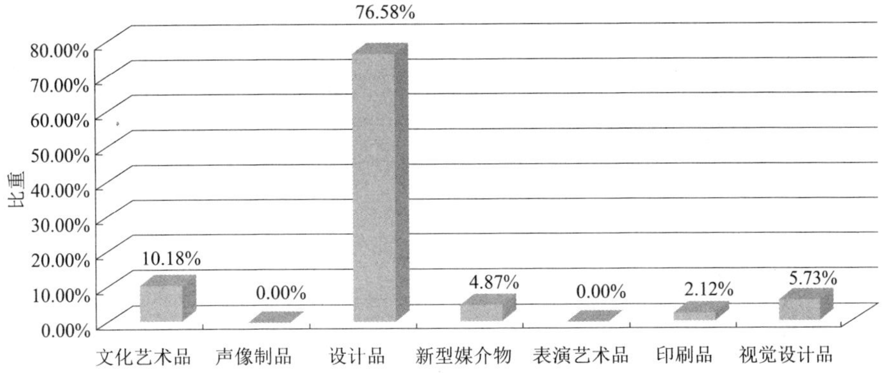

图 4-10 2010 年我国七大文化产品出口额所占比重

数据来源：联合国贸发会议统计数据库（http：//unctad. org/en/Pages/Home. aspx）。

第二，进口产品结构呈现“花开多枝”之势。与文化贸易的出口产品结构相比，中国文化贸易进口的产品结构却是有所不同。2010 年我国七大文化产品进口额所占比重，见图 4-11。由图 4-11 可以看出，设计品、新型媒介物和文化艺术品是中国文化产品进口的前三甲，三者所占中国文化产品进口的比重合计达到了 85% 以上。其中设计品所占的比重达到 40% 以上，虽然设计品所占的比重很大，但是新型媒介物和文化艺术品所占比重也不低。所以，文化贸易进口产品结构没有像出口产品结构一样出现“一枝独秀”之势，而是呈现“花开多枝”之势。

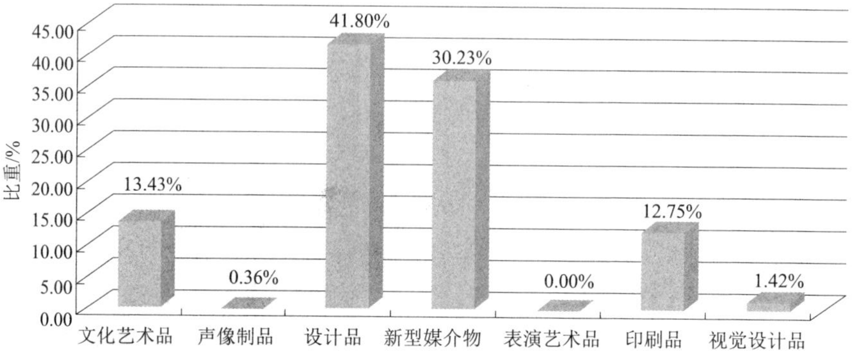

图 4-11 2010 年我国七大文化产品进口额所占比重

数据来源：联合国贸发会议统计数据库（http://unctad.org/en/Pages/Home.aspx）。

声像制品、表演艺术品和视觉艺术品三者所占中国文化产品进口的比重很小，不足 2%。另外，由联合国贸发会议统计数据库中数据可知，文化艺术品的进口比重由 2002 年的 19.29% 下降至 2010 年的 13.43%，总体上呈下降趋势。而新型媒介物的进口比重总体上呈上升趋势。总的来看，中国对外文化贸易进口产品结构呈现“花开多枝”之势。

3）市场结构

市场结构主要是指供给方和需求方之间的关系。本节主要从出口市场结构和进口市场结构来分析中国对外文化贸易的市场结构，并着重分析文化贸易的主要进出口国情况。

第一，出口市场结构。目前，我国对外文化贸易出口市场结构比较单一，主要集中于西欧、北美和东南亚的发达国家和地区。中国文化贸易出口市场排名前十位的均为发达国家和地区，且前十大出口市场所占比例波动不大，其中美国所占比例达到了三成。

2010 年中国文化贸易出口市场分布，如图 4-12 所示。发达经济体所占比重最大达到 62.2%，发展中经济体所占比重次之为 33.2%，转型经济体所占份额最低为 4.6%。由此可见，发达经济体仍是中国对外文化贸易最大的出口市场。

第二，进口市场结构。就中国对外文化贸易进口市场而言，发达国家和发展中国家基本上平分了中国对外文化贸易进口市场。排名前十位的中国对外文化贸易进口市场所占比例波动较大，但不存在比例过大的进口市场，主

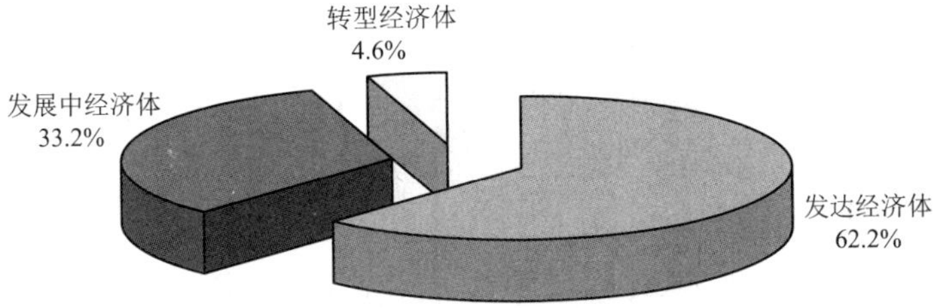

图 4-12 2010 年中国文化贸易出口市场分布

数据来源：UNCTAD 数据库（http：//unctad. org/en/ Pages/Home. aspx）。

要集中于欧洲、北美和亚洲地区。

对中国对外文化贸易进口数据分析得出，发达经济体和发展中经济体平分了中国对外文化贸易的进口市场。但是目前来看，中国对外文化贸易最大的进口市场依然是发达经济体。2010 年中国文化贸易进口市场分布，如图 4-13 所示。图中，发达经济体所占比重最大达到 55. 9%，发展中经济体所占比重次之为 43. 5%，转型经济体所占份额最低为 0. 6%。

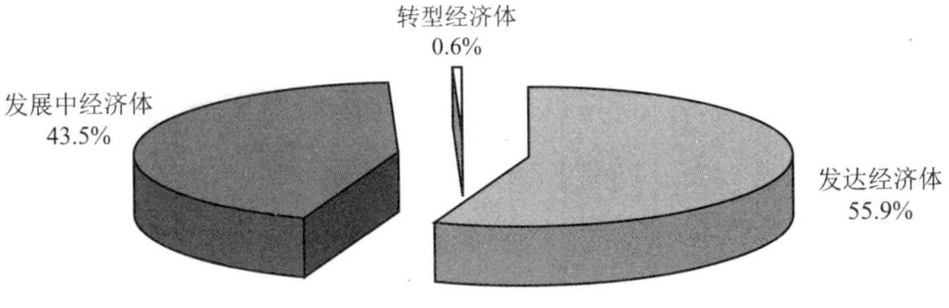

图 4-13 2010 年中国文化贸易进口市场分布

数据来源：UNCTAD 数据库（http：//unctad. org/en/ Pages/Home. aspx）。

4）竞争力状况

一国文化产业国际竞争力的强弱直接影响到该国文化贸易发展的速度快慢和规模大小。本节选取了国际市场占有率和贸易竞争力指数（NTB）两个指标来分析中国对外文化贸易的竞争力状况。

第一，国际市场占有率。国际市场占有率指标反映的是一国或地区某产品或产业在世界出口市场所占的比重。国际市场占有率（M）的大小，有不同的代表意义，代表着不同的国际竞争力强弱水平。当 $M>10\%$ 时，代表着该国国际竞争力非常强；当 $5\% \leqslant M \leqslant 10\%$ 时，代表贸易国际竞争力较强；

当 1% ≤M<5%时，代表贸易国际竞争力一般；当 M<1%时，则代表贸易国际竞争力非常弱。

M 的最高值出现于 2005 年为 2. 35%，M 的最低值出现于 2008 年为 2. 13%，整体来看 M 波动不大，但一直在较低值附近波动。从 2004 到 2012 年这 9 年间的数据可以看出，M 的范围为 1%～5%，整体在 2. 2%上下波动，平均值为 2. 23%。由此可知，中国核心文化产品国际市场占有率较低，国际竞争力一般。

第二，中国核心文化产品贸易竞争力指数。可比净出口指数简称 NTB 指数，是指某一产品的净出口额与进出口总额的比值。NTB 指数的取值范围在-1 到 1 之间，若 NTB 指数大于 0，则说明该产品具备竞争力，反之则说明该产品不具备竞争力。

本文选取了三类文化产品为研究对象，第一类为图书、期刊、报纸，第二类为电视节目，第三类为音像、电子出版物。并计算出了这三类文化产品 2005 年、2008 年、2011 年这三年的文化产品 NTB 指数，其均处于-1 到 -0. 5 之间，这就表明了中国核心文化产品竞争力差。

5 世界其他国家维护文化产业结构安全的经验借鉴

5.1 美国的经验借鉴

美国并没有悠久的历史文化，但它却成了当今世界上当之无愧的文化产业强国。在美国，并不直接使用“文化产业”的概念，一般用版权产业代替。所谓版权产业，主要指文学、艺术和科学作品的创作、复制、发行和传播，也涵盖采集、储存与提供信息的信息产业，具体包括图书、报刊、音像、电子出版业，广播、电影、电视业，音乐、戏剧、舞蹈等艺术表演与其他娱乐业，工艺美术、建筑艺术、园艺设计业，电脑程序设计与软件开发业，信息网络传播业，广告业等。文化产业现在已成为美国经济中的支柱产业，是仅次于信息技术产业的第二大产业。

5.1.1 美国文化产业结构现状

在美国，创意经济是知识经济的核心内容，更是其经济的重要表现形式，没有创意，就没有新经济。阿特金森和科特明确指出，美国新经济的本质，就是以知识及创意为本的经济，新经济就是知识经济，而创意经济则是知识经济的核心和动力。美国人发出了“资本的时代已经过去，创意的时代已经来临”的宣言。一般来说，美国的知识产权产业可以算是涵盖了我们理解意义上的创意产业的内容，其关注焦点主要集中在具有知识产权的创意经济上。

1）文化艺术业

自美国国家艺术基金会 1965 年成立以来，美国文化艺术业获得了长足发展。据统计，美国非营利性文化艺术业每年直接或间接拉动的经济效益为369亿美元，提供了130万个就业机会。

2）广电业

美国电影在世界150个国家和地区放映，占欧洲票房收入的70%，在加拿大、拉丁美洲、大洋洲和亚洲，美国影片的优势地位也日趋明显。美国电视节目在世界125个主要市场播出，在欧洲电视播放的电影中，美国电影占70%以上，全球销售的各类影视录像制品大多数都由美国公司生产。据统计，1999年全球视听产品（包括影院票房、电视节目、家庭录像带）中，美国公司视听产品占57.6%。全美有约1 000家唱片发行公司，其中市场占有量大的有华纳兄弟公司、索尼音乐娱乐公司、BMG娱乐公司等十几家。美国市场所占全球音乐唱片市场的份额为37%；而日本、英国、德国和法国几大市场占全球市场份额的比例依次为16.7%、7.6%、7.4%、5.5%。另据统计，由美国公司生产的音乐唱片已占世界音乐唱片消费总量的60%。

3）出版业

美国现有图书出版公司约1 000家，主要包括大众类出版公司、大学出版公司和美国政府下属的少量专业性出版公司，其中约20家大公司占据主要市场份额，同时也在国际出版市场居于主导地位。

美国文化产业结构，如图5-1所示。在美国的文化产业结构中，广电业占比重最大，美国广电业已经占据文化产业市场46%的份额，但只是比其他产业所占比重稍微多一些。印刷业（含出版业）和文化艺术业所占比重分列第二位和第三位。娱乐业和表演业所占比重基本持平，位列第四位和第五

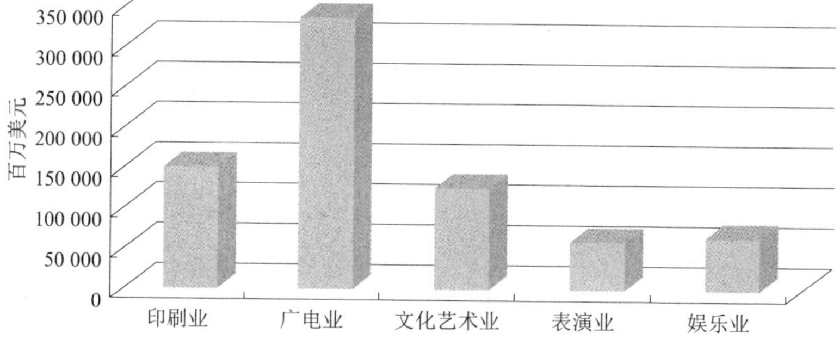

图5-1 美国文化产业结构

位。它们是在相对集中基础上的分散和在分散基础上的集中，这有利于文化产业结构的合理化和高度化发展。

5.1.2 美国文化产业结构特点

1）文化产业形态众多

“在美国，一般不采用‘文化产业’这个提法，而是称为‘版权产业’。” 依据 IIPA（International Intellectual Property Alliance，国际知识产权联盟）的标准，美国的版权产业划分为 4 类，具体见表 5-1。从核心版权产业到交叉版权产业，从部分版权产业到边缘版权产业，无论从这四个层面中的哪个层面来看，文化产业门类齐全这一特点都十分清晰。尤其在核心版权产业这一层面，不仅产业的门类十分齐全，而且产业的实力十分强大。

表 5-1 美国版权产业分类①

类/项目	定 义	主要产业群
核心版权产业	受版权保护的作品，或其他物品的创造、生产与制造、表演、宣传、传播与展示、分销和销售的产业	出版与文学，音乐、剧场制作、歌剧、电影与录影，广播电视，摄影，软体与数据库、视觉艺术与绘画艺术，广告服务，版权集中学会
交叉版权产业	从事生产、制造和销售受版权保护的产品的产业，其功能主要是为了促进版权作品制造、生产或使用其设备的产业	电视机、收音机、录音机、CD 机、DVD 机、答录机、电子游戏设备及其他相关设备（包括这些设备的制造与批发零售）
部分版权产业	指部分产品为版权产品的产业	服装、纺织品与鞋类，珠宝与钱币，其他工艺品，家具，家用物品、瓷器及玻璃，墙纸与地毯，玩具与游戏，建筑、工程、测量，室内设计，博物馆
边缘版权产业	其他受版权保护的作品，其他物品的宣传、传播、分销，销售而又没有被归为核心版权产业的产业	发行版权产品的一般批发与零售，大众运输服务，电信与网络服务

① 马春．2005 美国版权产业发展概况［EB/OL］（2007-4-24）．http：//www.istis.sh.cn/list.aspx？id=4315.

2）文化产业集约化、规模化经营优势明显

美国文化产业拥有雄厚的基础设施。从美国文化公司这个层面看，现代化的公司治理结构、组织文化及其价值体系，是这些文化企业能够进行大规模商业化运作的重要条件。以传媒业为例，20 世纪 80 年代后期，在全球媒体集中化趋势日益明显、真正意义上的全球媒体市场开始出现的历史过程中，美国的文化巨鳄面向全球市场，在不断地进行收购、合并中，逐步形成一系列大型文化产业集团。在全世界知名媒介系统的几大公司中美国占绝大多数。美国主要媒体被美国广播公司、哥伦比亚广播公司等 50 家大公司控制，覆盖全国 90% 以上的观众。

3）文化产业创新能力强

众所周知，美国是典型的移民国家。缺少本民族的传统文化，缺少光辉灿烂的历史文化遗产，是移民国家的主要特点。美国的主体文化是在继承欧洲文化的基础上发展起来的。在不断演进的过程中，同时也在汲取世界其他民族文化的精华，逐步发展成为世界文化舞台上一支重要的力量，而且这支文化力量始终保持着生气勃勃、不断进取的势头。因此，“美国文化产业是多种族、多文化的创造”①，具有多元性、开放性的特点。美国百老汇的很多经典剧目都是从英国舶来的，好莱坞也从国外引入大量的优秀人才和资金，拍摄了大量以外国文化或者典型人物形象为题材的大片。

由此可见，创新是美国文化产业快速发展的动力源泉。文化产品的层出不穷就是创新推动文化产业发展的一个重要标志。首先是对传统文化资源的创造性利用。电影《泰坦尼克号》就是来源于对一个古老海难故事的重新制作和包装，并通过全面市场化运作获得了巨大的票房收入。其次是从其他民族的历史和故事题材中吸收有益元素，制作出具有美国文化特色和新的市场卖点的文化产品。动画片《花木兰》就为我们成功呈现了一个相当好莱坞化的故事情节。再次是创作开发虚拟故事和人物造型，并通过表现手法与技术的创新等多种形式取得消费者认可。“可见，不仅美国文化产业的文化内涵来源于世界，其文化产业创新力也源自于多元化世界，因而其生产的文化产品多是以全球市场为目标市场，善于迎合全球消费者的需求，实用主义

---

① ZHOU J Q. Contemporary American culture and society［M］. Shanghai：Shanghai Foreign University Press, 2003：80.

倾向明显。”①

4）文化产业国际化程度高

美国文化产业的集约化、规模化发展是推动其走向全球市场的重要前提。现代信息技术在美国文化产业发展中的重要作用主要表现为它在推动各种生产要素规模扩大的同时，也加速了全球范围内生产要素的自由流动和资源配置速度。因此，美国的文化产业，无论从生产系统、营销系统层面看，还是从消费市场、消费群体等层面看，都不仅仅限于本土，而是全球范围、全球视角。无论是在投资环节，还是在生产和销售等环节，国际化水平都很高。这种情况在资金投入中表现十分明显。美国文化产业在国际市场上获得了巨大的资本来源，在经济全球化过程中成为最大的受益者之一。可以肯定地说，没有大量的资金投入，就没有整个文化产业的顺利运作。从电影业来看，好莱坞影片在近年来的制作成本越来越高，有时制作成本的数字甚至都十分惊人。但是，美国民众不必担忧的是，这些巨额的资金来源不是在国内完成，而是都被制片商转嫁给市场的资本融合，准确地说，是全球市场的资本融合。从这个角度来看，美国电影产业发展的一个重要原因，就是金融市场的强有力支撑。“比如风靡全球的好莱坞大片《泰坦尼克号》，实际上是由 7 个国家的 30 多家公司协作完成的，其中的特技制作包给了有多国中小技术公司协助的 Digital Domain 公司，音乐制作包给了日本的索尼公司。”②再比如产品销售，其国际化程度也很高，图书出版业、音像唱片业和影视业就是一个很好的例子。

5.1.3 美国维护文化产业结构安全的启示

美国文化产业行业结构发展较为均衡，广电产业、出版产业、文化休闲娱乐产业等发展得较为完善，在国民经济中所占比重较大；文化产业区域结构较为合理，实现了各子产业在分散基础上的集中和在集中基础上的分散，有利于各地区文化产业相对均衡发展，较大地发挥了规模经济效应，也有利于美国各区域经济的相对均衡发展和居民福利的提高；文化产业层次结构较

① 孙景民. 从经济的视角审视文化：论美国文化产业理论［J］. 北京工商大学学报（社会科学版），2006，21（6）：91-95.

② 上海市哲学社会科学规划办公室. 文化产业的发展和管理［M］. 上海：学林出版社，2001：172.

高，实现了核心层、外围层、相关层的相对合理发展，核心层所占比重较高，较大限度地攫取了产业链上游的利润，有利于文化产业进一步向深层次、高科技方向发展；文化产业市场结构较为集中，虽然少数企业垄断了市场，但仍存在相当程度的竞争，有利于同时发挥规模经济的外溢作用和市场的相对竞争优势。

美国文化产业目前已经成为其国民经济的重要组成部分和新的利润增长点，是美国最具活力的产业之一，为美国带来了巨大的经济效益。特别是近年来，美国文化产品出口一直处于领先地位。美国对文化产业进行了大量的经济、人才、科技、创新等方面的投入，以及政策和法律的扶持，形成了系统的文化产业链和稳定的消费群体。

在 20 世纪上半叶，美国的文化产业就借助无线电、电视等新兴传播媒介的发展，快速萌芽并成长起来。以好莱坞电影、百老汇歌剧、音乐广播等为先锋的美国文化产品在本土的优良环境中蓬勃发展，随后借着全球化的东风迅速占据了世界市场，独霸全球文化产业。信息技术革命到来之后，英国、德国、日本等国家的文化产业发展势头强劲，美国文化产业的全球控制力有所下降，但仍对世界文化产业起很大的主导作用。

从全球范围看，美国文化产业占据的市场庞大。美国电影在世界上一百五十多个国家放映，欧洲 70% 的票房是由美国电影创造的，美国电影在亚洲乃至全球均处于主导地位。

综上所述，美国文化产业在世界上有着不可撼动的霸主地位，已经成为其在全球范围内实现文化控制的重要手段，是实现其全球战略的重要举措。总的来说，美国文化产业结构的优化主要有以下几方面。

美国倡导以市场为主导的自由经济，充分发挥市场经济调节作用、人才的推动作用，以及教育体系的主导作用，实现优胜劣汰，激发文化企业的活力。其对文化产业的监管极其宽松，这就为美国文化产业提供了一个自由竞争的宽松市场环境。其次，美国政府不仅施行宽松的文化产业管理政策，还在联邦法律规定的范围之内为文化产业提供一定的支持。另外，美国政府在文化产品的版权保护和拓展文化产业融资渠道方面也建立了较为完善的政策体系，以引导各界资金流向文化产业。

美国把文化组织机构分为营利性和公益性两部分，并根据性质的不同分别提供不同的财税政策。美国的社会资本丰富、金融体系较为完善，这就为其文化产业的发展提供了资本、人才、技术等多方面的支持。美国通过建立健康有序的投融资体系，为文化产业的发展提供了良好的融资平台，形成了良性互动的市场经济，也为文化产业的发展提供了充足的动力。

5.2 日本的经验借鉴

20 世纪 90 年代中期，日本兴起了大力发展文化产业的浪潮，为这个世界第三大经济体国家注入了新鲜的血液，日本政府非常重视文化产业所带来的国民经济价值，因此，推出了一系列的战略举措来发展文化产业，优化文化产业结构。

日本政府对文化产业结构优化的主要策略包括建设大型民族文化基地，提高文化产业的外部辐射能力；适应时代的变化，构建相应的旅游政策和产业政策，使之与文化政策相配套；为了新兴文化产业的振兴，构筑文化信息集成系统；建立一个多元化的文化支持系统；为世界文化遗产保护和修复建立合作基地；丰富文化产品内容，大规模地参与文化事务活动；加强日本语的地位，以适应知识经济时代和全球化的趋势；重视与其他国家的文化产业合作等。除了日本科教、经济、总务等文化产业的主管部门各司其职以外，文化产业的中介行业协会也积极调动各方力量献计献策，积极响应政府优化文化产业结构的号召。

日本的文化产业不仅有强大的政府支持做后盾，而且具备完善的市场机制。在市场机制的运作下，日本的文化产业逐渐扩大，文化衍生品的内容也逐渐丰富，建立了日本首个以动漫和影视为对象的信托融资项目，积极引进国外的创新技术和管理理念，不断为文化产业注入新的活力。此外，日本也大力推动文化产品的出口，使传统文化与新兴文化有效结合，不仅丰富了大众生活，得到了世界的认可，还为日本创造了巨大的收益。

在全球范围内，包括书籍杂志、影视剧、音乐、动漫、料理等在内的一般大众文化不断提升日本的知名度和美誉度。同时，为了满足不同地区市场的需要，日本政府不断将新元素融入文化产业，在大力发展影视、动漫、料理等文化的同时，也最大限度地扩大日本的文化产业的发展空间，丰富它的内涵和外延。

日本文化产业涵盖范围较广，以创意产业的内容为主，更多地强调观众的体验度。它的发展源于创新能力和丰富的想象力，依托科学技术形成了众多的文化产品和服务。文化产品形成中存在的巨大差异程度成了文化产业中真正创造价值的部分。

日本文化产业结构的转型和升级对日本文化产业的发展起着重要的作用。文化产业作为日本的战略产业，其成功离不开日本文化产业结构政策的支持。

5.2.1 政策内容明确具体

日本的经济学家和经济官员认为，要实现经济增长，必须规划产业结构高度化的目标，确定能够拉动经济的“战略产业”，并通过政府制定的各项政策，如经济立法、经济计划和经济手段等措施推动战略产业的起步和发展，同时诱导本国经济按既定目标增长。日本在第二次世界大战后实施“经济立国”战略，通过大力发展制造业和对外贸易，成了仅次于美国的第二经济大国。但是自 20 世纪 90 年代以来，日本经济长期低速徘徊，日本政府意识到其传统的优势制造业，如汽车、电视、机械等，不但在短期内会受到日元升值的打击，而且长期来看也难以避免被新兴国家快速赶超的趋势。因此，日本将重点转移到了培育设计和品牌等追求“感性价值”的文化产业上来。日本对于发展文化产业的决定具有产业调整和升级的意义，意味着日本将从“制造”向“文化”转变，进行产业升级。由此，日本对于其经济发展的战略定位逐渐由“经济立国”转向“文化立国”。1995 年 7 月，日本的“文化政策促进会议”提交了《新的文化立国目标——当前振兴文化的重点和对策》，初步提出了文化立国的战略构想。1996 年，《21 世纪文化立国方案》的颁布成为“文化立国”战略正式实施的标志。① 2001 年，日本确立了知识产权立国战略，要在十年内成为世界第一知识产权国，并于 2002 年制定了《知识产权战略大纲》。2003 年日本又制定了观光立国战略，计划

① 李海霞. 日本文化产业战略思想及其启示［J］. 现代日本经济，2010，174（6）：24-30.

到 2010 年赴日旅游的外国游客人数比 2001 年翻一番，达到 1 000 万人次。[①]

此外，内阁政府还成立了“知识产权战略本部”，提出了《有关知识产权创造、保护及其利用的推进计划》，将音乐、电影、名牌产品、技术、工艺等文化产业列为国民经济的基础产业。2004 年 5 月，日本政府出台了“文化产业振兴政策”。2007 年 5 月，日本发布了《亚洲门户构想》报告，提出了“推进基于日本文化产业战略的政策”，其中附件 2《日本文化产业战略——充实孕育文化产业的感性丰厚的土壤和战略性地发送信息》，成为日本文化产业的新的纲领性文件，认为文化产业对内可培育经济增长点，促进经济发展；对外则可以扩大日本的影响力、提升国家软实力、打造本国文化产业品牌。该文件把文化产业发展置于国家战略高度，重点增加日本文化产业的宣传力度和国际竞争力，并要求各级政府今后在该战略基本思路的基础上出台具体政策措施，推进其贯彻实施。

2009 年 4 月，时任日本首相宣布了一项“未来开拓战略”，其中提出了许多旨在发展文化产业的目标，包括 2020 年实现以时尚和动漫为主导的内容产业出口规模扩大 10 倍、旅游市场规模翻番及外国入境游客达到 2 000 万人次等。[②] 这一系列战略举措为日本文化产业的发展繁荣提供了良好的战略环境，为日本经济的产业结构转型和升级提供了政策支持。

5.2.2 经济配套措施全面护航

为了加快战略产业的发展，应通过制定适当的财政、金融和贸易保护政策对其进行扶植和保护。日本政府就制定了一系列的经济政策来扶植和保护文化产业的发展。

财政政策方面，日本采取政府推动，政府和民间一起投入的机制。首先，日本经济产业省的职责是从经济角度管理文化产业，其下属的情报、信息、政策部门专门设立了文化产业政策关联科，负责为财务省制定相关税收政策提供参考依据。其次，日本政府常以财政补助、财政投资、财政采购、

---

① 国外文化产业探析：日本的文化产业政策及运作［EB/OL］（2011-08-13）. http：//www. ccitimes. com/ chanye/chanye/2011-08-13/452141313221257. html.

② 朱沿华，关妍 . 麻生提出“未来开拓战略”欲提升“日本魅力”［EB/OL］（2009-04-09）. http：//news. xinhuanet. com/ world/2009-04/09/content_ 11158606. htm.

财政基金、综合援助等形式来扶持文化产业中的各行各业。例如，对于具有地方和民间特色的传统文化工艺和文化遗产实施综合财政援助（财政补助、税收优惠、财政贴息贷款和政府担保等），以鼓励传统文化的传承、保护与发展；中央政府与地方政府联手，共同举办全国规模的文化节等。最后，文化产业的投融资也依赖于企业、公司的投资和资金赞助。日本政府通过文化登记制度、税收减免制度等政策措施，鼓励企业投资文化产业。例如，为文化产业发展提供赞助的企业可以享受一定比例的税收优惠；捐款赞助文化事业的企业或个人可以获得企业或个人所得税抵免。正是因为这些政策优惠，几乎所有的日本大型企业都十分愿意以各种形式支持、参与文化活动，他们将此视为提升企业形象的重要举措。此外，日本还设有扶持文化产业发展的基金。1990 年 3 月，由日本政府拨款 530 亿日元，民间团体组织出资 112 亿日元，成立了“振兴艺术文化基金”，共同对各领域的文化艺术活动给予资金援助。

同年，日本企业联合发起设立了“企业赞助文化艺术协议会”，通过宣传来增强国内企业支持文化艺术的意识，并为积极赞助文化艺术的企业提供各种服务，包括信息和中介服务、调查研究、赞助认定和表彰、国际交流活动等。①

在金融政策方面，首先，日本政府大力支持文化企业的证券（包括股票和债券等）发行，这不仅为企业提供了更广阔的资金来源渠道，也改善了融资公司的治理结构。其次，日本在文化产业中鼓励发展风险投资，并在一段时间的发展中逐渐渗透到了从创业初始投资，到后期衍生产品开发的各个层次，既达到了控制风险的目的，又使收益能够被投资者共享。最后，日本文化产业内部建立了由社会各方共同投资的文化产品开发投资联盟体系，既能拓宽资金的筹集渠道，又能分散开发新产品的风险，例如，吉卜力工作室的代表作《千与千寻》就是在产品开发投资联盟体系的支持下获得了巨大的成功。②

日本政府支持本国文化产业的海外竞争与发展，制定了一系列有利于本

① 李海霞. 日本文化产业的主要特点探析 [J]. 天府新论，2010（6）：114-119.

② 甘旭峰，一诺. 日本文化产业发展经验对我国文化产业振兴规划实施的启示 [J]. 当代财经，2010（6）：85-91.

国文化产品“走出去”的政策，积极开拓海外文化市场，促进本国文化产品和文化服务的海外输出，扩大其知名度和影响力。

首先，日本在向海外推销文化产品的同时也不忘积极宣传日本的文化，以培育有利于日本文化产业发展的国际社会基础。日本在世界各国设立了大量的文化交流和研究机构，如日语教学和留学生支援项目等。政府在民间的协作下定期举办一些文化活动，如传媒艺术节、优秀设计奖、日本时装周等。

其次，日本政府还设立了资金雄厚的国际文化基金，以促进本国文化产品的海外传播。例如，日本外务省从“政府开发援助”项目中拨款 24 亿日元作为“文化无偿援助”资金；从动漫企业购买动画片的播放版权，并将这些动画片免费提供给世界各国（特别是发展中国家）的电视台播放，以达到推广日本动漫产业的目的。①

此外，日本为应对近年来中韩等国文化产业的迅速崛起带来的冲击，积极实施“酷日本”战略，以提升文化产业的海外竞争力。首先，加强对象国研究。日本贸易振兴机构自 2005 年起就定期发布中国文化产业市场信息，细致报告日本文化产品在中国播放、上映、销售的情况，以及中国文化产业相关法令法规等。2012 年 5 月，日本经济产业省又发布了《关于加强创意产业海外拓展的调查报告书》，对日本及周边各国的文化市场现状进行深入分析，找准本国文化产品在国际文化市场中的定位。其次，积极为本国文化企业打造贸易平台。2009 年，日本最大的官民投资基金“产业革新机构”成立，其最高投资额可达 9 000 亿日元。2012 年 2 月，该基金投资 60 亿日元设立“全日本娱乐工厂”，将本国的动漫、影视、游戏、玩具等向海外推广；同年 4 月，投资 150 亿日元成立“出版数字机构”，对日本图书进行数字化整理和翻译，推动日本文学通过信息化渠道向海外传播；同年 5 月投资 12 亿日元与日本大型网络供应商 nifty 公司合资成立新公司“GLOZUS”，为日本中小企业利用网络向海外销售文化内容设立商务平台，并提供各种支援和咨询服务。最后，日本政府积极寻找机会促进本国文化企业与国内外大型企业合作，推动日本文化产业与相关产业的对接搭桥，为此，经济产业省投入资金 10 亿日元进行项目策划。

---

① 吕晓志，于娜．日本动漫产业的成功启示［J］．中国电视，2007（4）：76-80.

5.2.3 日本维护文化产业结构安全的启示

1）法律手段方面

完善文化产业法律政策体系，为文化产业发展创造良好的法律和政策环境。文化产业涵盖面广，涉及行业众多，政府必须建立起一套科学、完整、系统的文化产业法律法规体系。要更加注重对知识产权的保护和宣传，加大对侵犯知识产权的惩处力度，形成尊重创新、保护创新的发展环境。日本通过制定一系列法律法规，不仅确定了文化产业的战略地位，且保证了文化产业内的有序竞争和健康发展。

我国在制定各行业相关法律的同时，也要在市场准入、打破地域限制和行业垄断、专项资金投入、产业基金、市场违法退出制度、高新技术的投入、政府采购、行业协会、中介组织等方面都制定相关的法律法规，让文化产业运作的各个环节都有法可依，打破产业内和地区间的行政壁垒。在相关政策制定上，要学习日本事无巨细的态度，对每项政策都规定具体的政策目标、实施方法和细则，使政策的执行有可操作性。

2）经济手段方面

推动文化产业发展、提高文化产业在整个产业结构中的比重，一个重要途径就是要调动整个社会资本投向文化产业的积极性，提高文化产业对社会资源的吸引力，鼓励文化产业的资本积累。从日本文化产业发展情况看，采取优惠的财政税收、政府投资、设立专项基金、鼓励社会投资等都是促进文化产业发展的有效手段。

对于我国处在起步阶段的文化产业发展来说，政府的扶持更是扶持产业成长壮大的必要条件。一是政府直接拨款。要调整政府拨款投入方式和投入结构，提高激励性经费的投入比例，建立并完善有关奖励机制；要将过去的全员拨款的养人型财政支出方式转变为以促进文化事业发展的养事业型财政支出方式，提高财政拨款的使用效率。二是以政府为主导设立文化产业基金，既有利于聚集社会资金，也有利于进行科学运作。三是要建立政府为主导的贷款担保制度和优惠信贷政策，解决中小文化企业的融资难问题。四是实行税收优惠，一方面要在税收上体现出文化产业的优先发展地位，另一方面也要对不同行业进行区别对待，以此来调整文化产业内部结构。五是改革投融资体制，为文化企业在国内外资本市场上筹措资金创造条件。六是要积极为文化产业“走出去”创造平台，提升文化产业在国际市场上的份额。

3）行政手段方面

我国在制定文化产业政策上，应学习日本这种事无巨细的态度，将产业政策具体化、数量化，增强产业政策的可操作性。应成立专门的文化产业领导、协调、咨询和服务机构，统筹协调文化产业发展和优化文化资源配置。此外，我国要进一步深化文化体制改革，积极有序地开放文化市场，消除行政壁垒和地区分割；加快推进国有文化单位改制，完善治理结构和经营模式；加强文化市场管理，建立起综合执法、统一执法的有效机制。

5.3 韩国的经验借鉴

文化产业结构既反映了一定生产力水平和制度条件下文化商品的市场化程度，也反映了在这种背景条件下人们文化消费需求的主体差异，以及由这种差异所反映出来的主体社会身份和文化权利的差异。[①] 韩国文化产业结构的主要内容，既包括音乐、广播电视、电影、出版等传统产业部门，也包括游戏、旅游、互联网等现代产业部门。

5.3.1 韩国文化产业结构现状

从宏观上来说，韩国文化产业结构的演进是在政府政策的主导之下，由市场调节所带来的必然发展结果。进入20世纪80年代，韩国文化产业建设开始不断提上日程，但是鉴于政府规划不明确、行动不积极，文化产业在1998年之前并没有实现质的飞跃，其产业结构的调整政策也没有得到确切的落实。金大中总统上台之后，政府和民间的共同努力推动了韩国文化产业的演进和优化。无论从产业规模还是从产业链条来看，韩国文化产业都取得了跨越式的发展。在这一阶段，韩国文化产业扩大了海外市场，文化产品的进出口贸易激增；文化产业的发展还带来了岗位的增加，解决了更多的劳动力就业问题；文化产业的发展也推动了文化产业结构的升级，使得该产业的发展模式更加优化。总而言之，由于韩国国民经济的整体水平、政府政策的

① 胡惠林．论文化产业结构的战略性调整与制度创新［J］．思想战线，2003，29（4）：51-55.

扶持力度、科学技术的发展程度等在不同时期所存在明显差异，文化产业的自身结构也在总体上不断地向前演进，所以在起步期、转进期和现阶段韩国文化产业分别呈现出了颇为不同的总体特征。

1）起步期的韩国文化产业结构

韩国经济的高速发展始于20世纪60年代，朴正熙政府正视朝鲜半岛资源和资本稀缺的现实情况，选择了一条依靠廉价劳动力的出口替代外向型发展战略，重点发展纺织等轻工业劳动密集型产业。进入70年代后，韩国经济产业结构再次调整，经济发展的主导产业转向了重工业，确立了以钢铁、机械、石化、造船、电子和有色金属为首的六大战略产业。到了80年代，电子、精密仪器、新材料等产业在韩国经济结构中的地位逐渐突出，这一势头在90年代得到了延续。与此同时，韩国政府开始重视第三产业的发展。

1960—1995年韩国国民经济产业结构的比重，如表5-2所示。纵观韩国30多年的产业结构发展与调整，第一产业的比重不断下降、第二产业的比重不断上升、第三产业的比重则保持了原地不动的地位。直到1990—1995年，包括文化产业在内的第三产业的发展速度才超过了第二产业。尽管第三产业在20世纪90年代初期获得了极大发展，但是文化产业却没有借上东风，依然面临着增速缓慢的尴尬局面。在这样的宏观发展背景下，韩国文化产业在20世纪90年代依然处于萌芽阶段，其产业结构尚不完善，产业结构的优化和升级更是无从说起。

表5-2 1960—1995年韩国国民经济产业结构的比重　单位：%

产业类别	1960年	1970年	1982年	1990年	1995年
第一产业	36.7	26.9	15.8	8.7	6.6
第二产业	20.1	29.5	40.6	45.0	27.2
第三产业	43.2	43.6	43.6	46.3	66.2

由于缺少配套措施和发展决心，经济环境又比较复杂，起步期韩国文化产业结构调整的效果与转进期和现时期相比相去甚远。以电影产业为例，自1994年文化产业局成立之后，韩国国产电影的质量和产量均取得了长足的进步。1995—1999年韩国国内影片观众人数统计表，如表5-3所示。从1995年到1998年，在韩国国内市场上，观看韩国国产电影的观众逐年增多，

其市场份额也在稳步上升，由 20.9% 上升到了 25.1%；在国际市场上，韩国国产电影的出口数量也从 15 部增加到了 33 部，出口总额也从 1995 年的 20.9 万美元飙升到了 1998 年的 307.4 万美元；在票房收入上，韩国国产影片的收入则从 1995 年的 393 亿韩元增长到了 1998 年的 629 亿韩元。在 1999 年，韩国国产影片的出口量达到了 75 部，超过了 1997 年和 1998 年的总和；1999 年的票房收入达到了 1 128 亿韩元，接近 1998 年的 2 倍。由此可见，文化产业在转进期获得了更大的发展。通过起步和转进两个时期的数据对比，起步期的韩国文化产业结构调整乏力的总体特征便显而易见了。

表 5-3　1995—1999 年韩国国内影片观众人数统计表

年份	韩国影片		国外影片		观众总数/万人
	观众人数/万人	市场份额/%	观众人数/万人	市场份额/%	
1995	944	20.9	3 569	79.1	4 513
1996	976	23.1	3 244	76.9	4 220
1997	1 212	25.5	3 540	74.5	4 752
1998	1 259	25.1	3 759	74.9	5 018
1999	2 172	39.7	3 300	60.3	5 472

在 20 世纪 80 年代初到 1998 年这段漫长的时间里，电视广播逐步实现了普及，计算机和互联网等数字化技术则处在快速发展的开端阶段。科学技术的种种不成熟，变相地减缓了文化传播的速度，限制了文化产业的发展，阻碍了产业结构的演进。由于互联网、数字化技术在这一时期还未出现或普及，因此与转进期和现阶段相比，起步期的文化产业结构不包括网络传媒、数字电视、移动手机等新兴的现代文化产业部分。

总体来看，韩国文化产业结构的构成要素在起步期主要以传统艺术和纯艺术为代表的高端型传统文化艺术产业为主，包括表演业、艺术品展览、博物馆、图书馆等行业，另外还包括始于 19 世纪末的报纸、杂志、电影、唱片等大众型传统文化部门，这些都深深地影响着公众的日常生活，拥有极为巨大的舆论影响力和议程塑造能力。20 世纪 90 年代初伴随着更加快捷化、平民化的互联网技术的诞生，电脑游戏、互联网等发展成为现代文化产业部门。本着 20 世纪 80 年代“重视历史、保护传统”的文化政策态度，韩国政府始终没有放弃对传统文化产业部门的发展，电影、唱片、广播电视等产业依然是文化产业结构中的核心组成部分。游戏、互联网等由新技术引导的文化产业部门则没有成为韩国文化产业在20世纪90年代的主导产业。

2）转进期的韩国文化产业结构

对韩国人来说，1998年是具有关键性的一年，在这一年他们不仅成功抗击了全球经济危机的侵袭，而且正式提出了“文化立国”的战略。从1998年1月起，利用国际货币基金组织（IMF）提供的550亿美元紧急救助计划，韩国政府同外国债券组织签订的短期外债开始向中长期转换，韩国面对的动荡外汇局面开始得以扭转。在此之后，韩国国民经济一直经历着各种调整和改革，金大中政府和卢武铉政府通过不断的探索，试图改变韩国传统发展模式带来的负面影响。在这样的大环境下，韩国的文化产业发展顺水推舟，进一步加快了产业结构的调整和升级步伐，逐渐得到了政府和民间各界的关注与重视。在国家发展的战略规划中，文化产业已经成为促进韩国国民经济发展的核心产业。由此，文化产业瞬间成了政策关注的焦点产业，这不仅提高了文化产业内部结构的演进速度，还从侧面推动了文化产业结构的演进战略，使之得到更好的落实。

在1998年到2005年的8年间，韩国政府不断提高文化产业预算，这充分证明了文化产业结构在转进期“结构演进高速腾飞”“调整战略确切落实”的总体特征。在1998年之前，文化产业从韩国政府获得的总预算数目一直在不断提高，从1994年的3 012亿韩元增长到了1998年的7 574亿韩元。在1998年之后，文化产业局获得的政府预算以更快的增速呈现逐年提高的趋势，比起步期的财政支出高出了数倍之多，并从投资上实现了跨越式发展。具体来看，1999年的财政预算跨越了一道发展的鸿沟。因为在1998年，文化产业局的预算占文化观光部总预算的2.2%，而到了1999年，该预算所占的比重骤然提升到了11.7%。这标志着韩国政府对文化产业发展的态度逐渐由战略认知向政策落实过渡，政府部门对文化产业的支持不再局限于制定规划战略，文化产业的结构调整也随之加快了进程。自此之后到转进期结束，文化产业局获得的预算占文化观光部预算总额的11%到15.3%之间的高位徘徊，2000年为15.3%、2001年为11.9%、2002年为14%、2003年为12.7%、2004年为11%、2005年为12.1%。在中央政府的资金支持下，文化产业发展政策的落实得到了有力的保障。

同时，部分产业部门的发展既有增长也有下降。以广播电视业为例，韩国的广播电视业主要包括地面广播电视和有线电视。地面广播电视包括电视和无线电广播，有线电视分为综合有线电视、转播有线电视及音乐有线电视。韩国广播电视产业的整体规模在 2003 年有所减小。不过，由于收费广播的发展和企业数量的增多，综合有线电视和卫星广播又呈现出了上升的趋势。与此同时，由于政府政策的倾斜和文化产品的巨大吸引力，广播电视节目进出口贸易的比例从 2001 年的 1：1.08 转变为 2002 年的 1：0.87，到 2003 则增长到了 1：0.67，连续几年实现了贸易顺差。“韩流”在高科技的支持和政府的推动下开始席卷亚洲地区乃至世界各地，地面广播电视节目出口效益稳步增加，与 2002 年的 2 700 万美元相比，2003 年增加到了 3 600 万美元。综上所述，在转进期，韩国文化产业的结构演进速度不断提升，产业结构调整的政策得到了落实，产业规模和产业结构都得到了很大的提高。

3）现阶段的韩国文化产业结构

2006 年以后，四个核心产业部门依然在文化产业中占据着最大的经济比重。首先，出版产业在 2007 年的总销售额达到了 21.6 兆韩元①，其中出版业占到了 42.6%，出版批发零售业占到了 36.6%。其次，游戏产业在 2007 年的总销售额达到了 5.14 兆韩元，在线游戏的销售额接近 2.24 兆韩元，以接近总量一半的销售数值居于产业首位。再次，广播电视业的总销售额为 10.53 兆韩元②，比上一年增加了 8.4%。地面广播电视获得了 3.89 兆韩元的市场规模，有线电视则达到了 2.15 兆韩元。广播电视业市场规模的扩大，主要依赖于有线卫星、高速网络等业务的发展，以及电视购物和广告收入的增加。最后，互联网产业在现阶段也得到了突飞猛进的发展，它不仅为其他产业提供了技术载体，其自身也崛起成为文化产业的重要组成部分。同年，电影产业的总销售额为 3.20 兆韩元、音乐产业为 2.36 兆韩元、漫画和动漫产业则分别获得了 7 616 亿韩元和 3 111 亿韩元的销售额。可见，在现阶段，文化产业的核心部门依然保持着产业结构中的主导地位。

随着信息技术的发展和普及，涉及互联网、数字化技术的相关产业逐渐

---

① 韩国文化体育观光部. 文化产业统计［R］. 韩国文化体育观光部，2008：14.

② 韩国广播通信委员会. 2007 年广播产业实态调查报告［R］. 韩国广播通信委员会，2007：10.

成为韩国文化产业结构中新的侧重点和增长点。2006 年，联合国国际电信联盟发布的《数字化机遇指标评估报告》中指出，韩国因其政府重视宽带网络服务的建设，而在整个互联网产业中处于世界领先的地位。到 2007 年，韩国人在互联网方面的支出达到了 7 351 亿韩元，其产业规模正在不断扩大。正是由于信息和通信技术的先进、网络基础设施的完备，韩国的文化产业结构向数字化、网络化领域的倾斜才逐渐可行，并取得了快速的增长。依此良性发展趋势，网络通信技术的进步推动了在线学习、数字电视、手机电视等新兴文化产业部门的出现和发展。在当今的韩国，网上学习已然成为一种新的学习方式。根据 2007 年的一项调查显示，6 岁至 19 岁的韩国人中有 67% 的人使用过数字化学习工具，20 岁到 30 岁的人群则为 50. 7%，数字化教学产业的年均增长率达到了 6. 8%。再以数字化出版业为例，从 2007 年亚马逊的 Kindle 通过 EV-DO 网以 MVNO 的形式开始提供电子书服务以来，数字化出版业逐渐发展起来。从那时起到 2011 年，韩国的数字化书籍出版的年均增长率达到了 21. 7%，以此形成了以网络、手机等数字化平台为中心的新型文化产业。在现阶段，以数字化出版产业为代表的文化产业新领域如雨后春笋般不断涌现，这既适应了全球化与信息化的发展趋势，也更新着韩国文化产业的主要内容，推动着其文化产业结构的快速演进。

5. 3. 2 韩国文化产业结构特点

1）起步期的韩国文化产业结构特点

在起步期，韩国文化产业的结构发展呈现出了演进速度缓慢、调整战略存在但实施乏力、高新技术产业比重不足的总体特征。韩国文化产业的结构演进速度深受国民经济整体结构发展的影响，在起步期及之前的很长时间里，文化产业并没受到相应的关注。

在起步期，韩国文化产业的结构演进呈现出了一种“有心无力”的状态。这是因为韩国政府在促进文化产业的结构演进方面扶持力度不大，同时它受到了韩国国民经济所处发展阶段的极大限制和制约。可以发现这样一个普遍的事实：在起步期，韩国政府存在调整文化产业结构的美好构想，也重点支持了新形势下产生的新产业。

2）转进期的韩国文化产业结构特点

在转进期，韩国文化产业的结构演进表现出了结构演进高速腾飞、调整战略准确落实、高新技术产业领域崛起的总体特征。在文化产业结构中，高新技术领域产值的不断增加，进一步压缩了传统文化产业部门的份额，顺应了时代发展的潮流，这也是韩国文化产业发展的必由之路。在这一产业调整的过程中，恰逢韩国经济从高速发展向平稳过渡，因此部分产业部门的发展既有增长也有下降。

3）现阶段的韩国文化产业结构特点

在现阶段，韩国文化产业的结构演进展示出了文化核心产业继续发展、产业内部结构更加丰富多元、重视网络数字技术等相关产业的总体特征。自转进阶段开始，出版、广播电视两个传统文化产业部门和游戏、互联网两大现代文化产业部门便一直处在文化产业发展的核心地位，这种产业结构的总体格局延续到了现阶段。

在起步期，文化产业的结构较为简单，可以一分为二，由传统文化产业和现代文化产业组成。在今天的韩国，现阶段的文化产业正经历着内容不断延伸的过程，越来越多的元素被吸纳到文化产业之中，文化产业的“内部结构更加丰富多元”。除了传统的电影、电视、报纸等产业之外，互联网、数字电视、手机网络等新的领域增加到了文化产业中来。与此同时，原有的各个文化产业也不断扩张领域、增加内容，导致文化产业的内部结构在这一时期更加多元化。比如，出版产业的分类更加多样，不仅要出版发行纸质印刷品，还要出版发行电子版的书籍和杂志。再如音乐产业，它已经不再局限于磁带、CD 等传统模式，网络音乐、移动音乐等内容也被纳入到了新的文化产业结构当中。传媒产业亦是如此，报刊、广播电台、电视台、通讯社等传统大众媒介依然存在，移动网络和微视频等新媒体相继出现。另外，曾经界限十分分明的各个产业分支的边界逐渐模糊，行业之间的交叉和合作更加频繁和多见。随着电视、电影、大众媒体的传播，韩国文化产业的内容逐渐渗透到了餐饮业、旅游业等传统第三产业中，提升了这些产业的层次，衍生出了旅游文化、网络文化、饮食文化等新的文化产业形态。最终，在现阶段，韩国文化产业的结构得到了充分的演进和极大的丰富。

5.3.3 韩国维护文化产业结构安全的启示

1）以法律形式推动文化产业结构调整

韩国早在 1992 年就颁布了《文化产业振兴基本法》，以法律形式推动和规范文化产业结构的调整，为后续政策的制定提供了法律依据。近 20 年来，韩国文化产业蓬勃发展，与其各类法律的相继出台密不可分。

此外，韩国法律法规的灵活性较强，从历次法律修订过程中可以发现，韩国文化产业的法律法规，极为重视其与环境的协调，以便为文化产业创造更为公平合理的发展环境。

反观国内，中国文化产业也急需建立健全法律法规体系，构建文化产业结构调整和发展的法律平台，从而促进文化产业的健康发展。

2）重视拓展尚未充分开发的行业领域

在制定文化产业政策的过程中，韩国十分重视发展以往未能受到充分重视的文化行业。游戏、人物形象、漫画、公演等新兴行业已发展成为韩国文化产业的新亮点，吸引了大量的风险投资。

目前，韩国游戏产业得到了全方位的发展，公演产业以法律形式被纳入文化产业类别，韩国人物形象和漫画的国际影响力与日俱增。这些产业原本在韩国并不发达，然而，近年来能够获得长足发展，与政府早期的开拓和重视密切相关。

中国文化资源丰富，如何根据自身地区与文化优势，认识和挖掘自身潜力，开辟出新的产业增长点，是国内文化产业发展必须面对的问题。

3）版权保护与消费市场并重

韩国通过著作权保护政策鼓励创作活动，但为了避免过分限制消费者的文化内容接近权，对著作权采取了适度保护政策，以鼓励和普及创造性产品的消费及利用。

韩国试图在著作权保护和文化公共消费之间寻找平衡，重视观众和文化产业消费者对文化产品的需求，力争使消费者不因社会经济的不景气而丧失对文化产业消费的信心。

目前，从整体来看，中国的内容生产领域和文化消费市场都需要进一步的保护和培育。如何处理二者之间的关系，既能保障内容创作的权利，又能营造出充满活力的文化消费氛围，韩国的适度保护政策可以借鉴。

4）合理利用和控制资本的力量

一方面，为了推动文化产业发展，韩国政府直接提供资本支持，然而政府资本的效率问题却饱受争议。面对这种情况，韩国政府转变了支持方式，从直接提供资金转变为营造透明的流通体系，从而间接刺激了文化产业创作部门的潜力。

另一方面，韩国文化产业受大集团、大财阀的控制和影响严重，资本存在者从反面控制着文化产业的走势。

文化产业的发展离不开资本的支持，但是如何高效、合理地利用资本，如何控制资本的渗透力量，如何在获取经济利益时兼顾文化的社会效益，韩国的经验和教训都值得我们去学习和反思。

附录 A
文化产业相关统计数据

2004 年国家统计局首次发布了《文化及相关产业分类》，在《国民经济行业分类》的基础上，规定了我国文化及相关产业的范围。2012 年，国家统计局又发布了《文化及相关产业分类》，对 2004 年发布的《文化及相关产业分类》进行了修订。根据 2012 年《文化及相关产业分类》，我国文化产业被划分为“文化产品的生产”和“文化相关产品的生产”两个部分，新闻出版发行服务等 10 个大类，新闻服务等 50 个中类，新闻业等 120 个小类。中国文化产业标准分类如表 A-1 所示。

表 A-1　中国文化产业标准分类

部分	大类	中类	小类
文化产品的生产	新闻出版发行服务	新闻服务	新闻业
		出版服务	图书出版，报纸出版，期刊出版，音像制品出版，电子出版物出版，其他出版业
		发行服务	图书批发，报刊批发，音像制品及电子出版物批发，图书、报刊零售，音像制品及电子出版物零售
	广播电视电影服务	广播电视服务	广播，电视
		电影和影视录音服务	电影和影视节目制作，电影和影视节目发行，电影放映，录音制作
	文化艺术服务	文艺创作与表演服务	文艺创作与表演，艺术表演场馆
		图书馆与档案馆服务	图书馆，档案馆
		文化遗产保护服务	文物及非物质文化遗产保护，博物馆，烈士陵园、纪念馆
		群众文化服务	群众文化活动

续表

部分	大类	中类	小类
文化产品的生产	文化艺术服务	文化研究和社团服务	社会人文科学研究，专业性团体（的服务）中的学术理论社会团体的服务、文化团体的服务
		文化艺术培训服务	文化艺术培训，其他未列明教育中的美术、舞蹈、音乐辅导服务
		其他文化艺术服务	其他文化艺术业
	文化信息传输服务	互联网信息服务	互联网信息服务
		增值电信服务（文化部分）	其他电信服务中的增值电信服务（文化部分）
		广播电视传输服务	有线广播电视传输服务，无线广播电视传输服务、卫星传输服务中的传输、覆盖与接收服务以及设计、安装、调试、测试、监测等服务
	文化创意和设计服务	广告服务	广告业
		文化软件服务	软件开发中的多媒体、动漫游戏软件开发，数字内容服务中的数字动漫、游戏设计制作
		建筑设计服务	工程勘察设计中的房屋建筑工程设计服务、室内装饰设计服务、风景园林工程专项设计服务
		专业设计服务	专业化设计服务
	文化休闲娱乐服务	景区游览服务	公园管理，游览景区管理，野生动物保护中的动物园和海洋馆、水族馆管理服务，野生植物保护中的植物园管理服务
		娱乐休闲服务	歌舞厅娱乐活动，电子游艺厅娱乐活动，网吧活动，其他室内娱乐活动，游乐园，其他娱乐业
		摄影扩印服务	摄影扩印服务
	工艺美术品的生产	工艺美术品的制造	雕塑工艺品制造，金属工艺品制造，漆器工艺品制造，花画工艺品制造，天然植物纤维编织工艺品制造，抽纱刺绣工艺品制造，地毯、挂毯制造，珠宝首饰及有关物品制造，其他工艺美术品制造
		园林、陈设艺术及其他陶瓷制品的制造	园林、陈设艺术及其他陶瓷制品制造中的陈设艺术陶瓷制品制造
		工艺美术品的销售	首饰、工艺品及收藏品批发，珠宝首饰零售，工艺美术品及收藏品零售

续表

部分	大类	中类	小类
文化相关产品的生产	文化产品生产的辅助生产	版权服务	知识产权服务中的版权和文化软件服务
		印刷复制服务	书、报刊印刷，本册印刷，包装装潢及其他印刷，装订及印刷相关服务，记录媒介复制
		文化经济代理服务	文化娱乐经纪人，其他文化艺术经纪代理
		文化贸易代理与拍卖服务	贸易代理中的文化贸易代理服务，拍卖中的艺（美）术品、文物、古董、字画拍卖服务
		文化出租服务	娱乐及体育设备出租中的视频设备、照相器材和娱乐设备的出租服务，图书出租，音像制品出租
		会展服务	会议及展览服务
		其他文化辅助生产	其他未列明商务服务业中的公司礼仪和模特服务、大型活动组织服务、票务服务
	文化用品的生产	办公用品的制造	文具制造，笔的制造，墨水、墨汁制造
		乐器的制造	中乐器制造，西乐器制造，电子乐器制造，其他乐器及零件制造
		玩具的制造	玩具制造
		游艺器材及娱乐用品的制造	露天游乐场所游乐设备制造，游艺用品及室内游艺器材制造，其他娱乐用品制造
		视听设备的制造	电视机制造，音响设备制造，影视录放设备制造
		焰火、鞭炮产品的制造	焰火及鞭炮产品制造
		文化用纸的制造	机制纸及纸板制造中的文化用机制纸及纸板制造，手工纸制造
		文化用油墨颜料的制造	油墨及类似产品制造，颜料制造中的文化用颜料制造
		文化用化学品的制造	信息化学品制造中的文化用信息化学品的制造
		其他文化用品的制造	照明灯具制造中的装饰用灯和影视舞台灯制造，其他电子设备制造中的电子快译通、电子记事本、电子词典等制造

续表

部分	大类	中类	小类
文化相关产品的生产	文化用品的生产	文具乐器照相器材的销售	文具用品批发，文具用品零售，乐器零售，照相器材零售
		文化用家电的销售	家用电器批发中的文化用家用电器批发，家用视听设备零售
		其他文化用品的销售	其他文化用品批发，其他文化用品零售
	文化专用设备的生产	印刷专用设备的制造	印刷专用设备制造
		广播电视电影专用设备的制造	广播电视节目制作及发射设备制造，广播电视接收设备及器材制造，应用电视设备及其他广播电视设备制造，电影机械制造
		其他文化专用设备的制造	幻灯及投影设备制造，照相机及器材制造，复印和胶印设备制造
		广播电视电影专用设备的批发	通信及广播电视设备批发中的广播电视电影专用设备批发
		舞台照明设备的批发	电气设备批发中的舞台照明设备的批发

A.1 2013 年文化产业结构统计（中类）

A.1.1 2013 年各类文化产业法人单位数量及占比

2013 年各类文化产业法人单位数量及占比如表 A-2 所示。

表 A-2 2013 年各类文化产业法人单位数量及占比

类别	数量/户	占比/%	类别	数量/户	占比/%
广告服务	149 467	16.27	出版服务	6 771	0.74
娱乐休闲服务	109 590	11.93	其他文化用品的制造	6 404	0.70
印刷复制服务	65 219	7.10	图书馆与档案馆服务	6 176	0.67
工艺美术品的制造	45 966	5.00	广播电视传输服务	6 094	0.66
工艺美术品的销售	40 603	4.42	广播电视服务	6 010	0.65
专业设计服务	40 072	4.36	文化贸易代理与拍卖服务	5 802	0.63
文具乐器照相器材的销售	40 024	4.36	办公用品的制造	5 598	0.61
建筑设计服务	36 605	3.99	焰火、鞭炮产品的制造	5 495	0.60

续表

类　别	数量/户	占比/%	类　别	数量/户	占比/%
文化研究和社团服务	36 214	3.94	文化用纸的制造	4 885	0.53
其他文化辅助生产	28 594	3.11	视听设备的制造	4 322	0.47
会展服务	26 685	2.91	广播电视电影专用设备的批发	3 831	0.42
文化软件服务	22 272	2.42	文化经纪代理服务	3 729	0.41
群众文化服务	20 634	2.25	园林、陈设艺术及其他陶瓷制品的制造	3 450	0.38
其他文化艺术服务	20 534	2.24	印刷专用设备的制造	2 554	0.28
其他文化用品的销售	18 278	1.99	广播电视电影专用设备的制造	2 479	0.27
文化艺术培训服务	17 785	1.94	舞台照明设备的批发	2 377	0.26
互联网信息服务	16 768	1.83	文化用油墨颜料的制造	2 163	0.24
发行服务	14 813	1.61	乐器的制造	1 766	0.19
文化用家电的销售	14 157	1.54	文化出租服务	1 535	0.17
文艺创作与表演服务	13 404	1.46	版权服务	1 511	0.16
景区游览服务	13 356	1.45	游艺器材及娱乐用品的制造	1 436	0.16
电影和影视录音服务	12 902	1.40	新闻服务	1 341	0.15
玩具的制造	9 034	0.98	其他文化专用设备的制造	1 245	0.14
摄影扩印服务	9 023	0.98	增值电信服务（文化部分）	732	0.08
文化遗产保护服务	8 315	0.91	文化用化学品的制造	462	0.05

数据来源：第三次全国经济普查。

A.1.2　2013 年各类文化产业从业人员数量及占比

2013 年各类文化产业从业人员数量及占比如表 A-3 所示。

表 A-3　2013 年各类文化产业从业人员数量及占比

类　别	数量/人	占比/%	类　别	数量/人	占比/%
印刷复制服务	1 918 838	10.90	会展服务	219 121	1.25
工艺美术品的制造	1 838 874	10.45	其他文化辅助生产	209 356	1.19

续表

类　　别	数量/人	占比/%	类　　别	数量/人	占比/%
广告服务	1 155 722	6.57	文化用家电的销售	206 236	1.17
玩具的制造	873 404	4.96	其他文化专用设备的制造	204 977	1.16
娱乐休闲服务	847 215	4.81	文化艺术培训服务	202 725	1.15
视听设备的制造	767 576	4.36	群众文化服务	202 251	1.15
建筑设计服务	759 889	4.32	园林、陈设艺术及其他陶瓷制品的制造	194 121	1.10
文化软件服务	580 396	3.30	其他文化用品的销售	149 822	0.85
焰火、鞭炮产品的制造	546 953	3.11	文化遗产保护服务	143 280	0.81
景区游览服务	524 555	2.98	其他文化艺术服务	124 605	0.71
文化研究和社团服务	490 752	2.79	乐器的制造	97 437	0.55
文化用纸的制造	468 226	2.66	图书馆与档案馆服务	95 690	0.54
专业设计服务	429 825	2.44	文化用油墨颜料的制造	91 473	0.52
工艺美术品的销售	428 923	2.44	摄影扩印服务	87 525	0.50
其他文化用品的制造	366 923	2.08	印刷专用设备的制造	84 692	0.48
出版服务	349 937	1.99	文化用化学品的制造	66 036	0.38
广播电视服务	345 446	1.96	游艺器材及娱乐用品的制造	59 296	0.34
广播电视传输服务	326 365	1.85	文化贸易代理与拍卖服务	55 436	0.31
互联网信息服务	313 850	1.78	广播电视电影专用设备的批发	49 894	0.28
文艺创作与表演服务	298 815	1.70	新闻服务	46 411	0.26
发行服务	271 496	1.54	增值电信服务（文化部分）	40 598	0.23
文具乐器照相器材的销售	270 688	1.54	舞台照明设备的批发	28 520	0.16
广播电视电影专用设备的制造	241 024	1.37	文化经纪代理服务	26 088	0.15
办公用品的制造	235 367	1.34	版权服务	19 216	0.11
电影和影视录音服务	235 278	1.34	文化出租服务	8 783	0.05

数据来源：第三次全国经济普查。

A.1.3 2013年各类文化产业资产数量及占比

2013年各类文化产业资产数量及占比如表A-4所示。

表A-4 2013年各类文化产业资产数量及占比

类别	数量/亿元	占比/%	类别	数量/亿元	占比/%
广告服务	8 907.82	8.61	广播电视电影专用设备的制造	1167.36	1.13
景区游览服务	7 697.70	7.44	其他文化艺术服务	1041.16	1.01
印刷复制服务	7 093.81	6.86	其他文化用品的销售	1012.70	0.98
工艺美术品的制造	6 143.52	5.94	文化用化学品的制造	903.11	0.87
文化用纸的制造	6 104.73	5.90	广播电视电影专用设备的批发	836.01	0.81
建筑设计服务	4 696.12	4.54	其他文化专用设备的制造	790.19	0.76
视听设备的制造	4 327.39	4.18	焰火、鞭炮产品的制造	656.16	0.63
出版服务	4 321.34	4.18	图书馆与档案馆服务	639.56	0.62
广播电视传输服务	3 820.27	3.69	群众文化服务	623.90	0.60
工艺美术品的销售	3 774.38	3.65	办公用品的制造	578.25	0.56
文化软件服务	3 638.64	3.52	文化用油墨颜料的制造	574.85	0.56
广播电视服务	3 485.94	3.37	文化贸易代理与拍卖服务	548.63	0.53
互联网信息服务	3 274.83	3.17	文化研究和社团服务	528.24	0.51
电影和影视录音服务	3 233.35	3.13	乐器的制造	501.47	0.48
专业设计服务	2 354.42	2.28	印刷专用设备的制造	407.07	0.39
发行服务	2 324.02	2.25	文化艺术培训服务	370.14	0.36
娱乐休闲服务	2 276.93	2.20	园林、陈设艺术及其他陶瓷制品的制造	340.51	0.33
会展服务	2 276.12	2.20	新闻服务	284.71	0.28
文具乐器照相器材的销售	1 865.44	1.80	增值电信服务（文化部分）	283.10	0.27
其他文化辅助生产	1 765.06	1.71	舞台照明设备的批发	274.48	0.27
文化用家电的销售	1 654.28	1.60	文化经纪代理服务	251.42	0.24
其他文化用品的制造	1 489.89	1.44	游艺器材及娱乐用品的制造	214.98	0.21
文化遗产保护服务	1 311.91	1.27	摄影扩印服务	143.47	0.14
文艺创作与表演服务	1 278.97	1.24	版权服务	89.67	0.09
玩具的制造	1 184.86	1.15	文化出租服务	44.23	0.04

数据来源：第三次全国经济普查。

A.1.4 2013年各类文化产业产出数量及占比

2013年各类文化产业产出数量及占比如表A-5所示。

表A-5 2013年各类文化产业产出数量及占比

类别	数量/亿元	占比/%	类别	数量/亿元	占比/%
工艺美术品的制造	10 058.22	12.01	电影和影视录音服务	801.98	0.96
印刷复制服务	8 317.55	9.93	会展服务	797.29	0.95
视听设备的制造	7 481.19	8.93	文化用油墨颜料的制造	784.26	0.94
广告服务	5 401.40	6.45	景区游览服务	738.45	0.88
工艺美术品的销售	5 332.37	6.37	文化用化学品的制造	723.61	0.86
文化用纸的制造	4 727.22	5.64	园林、陈设艺术及其他陶瓷制品的制造	601.29	0.72
文化用家电的销售	3 813.28	4.55	舞台照明设备的批发	500.59	0.60
建筑设计服务	2 900.37	3.46	其他文化辅助生产	491.29	0.59
文具乐器照相器材的销售	2 780.02	3.32	广播电视服务	442.24	0.53
其他文化用品的制造	2 323.28	2.77	印刷专用设备的制造	432.91	0.52
文化软件服务	2 302.62	2.75	乐器的制造	356.58	0.43
玩具的制造	2 104.05	2.51	文艺创作与表演服务	292.58	0.35
广播电视电影专用设备的批发	2 064.60	2.47	游艺器材及娱乐用品的制造	284.64	0.34
互联网信息服务	2 005.80	2.40	其他文化艺术服务	224.21	0.27
发行服务	1 853.20	2.21	增值电信服务（文化部分）	211.86	0.25
焰火、鞭炮产品的制造	1 634.24	1.95	摄影扩印服务	118.52	0.14
其他文化专用设备的制造	1 445.00	1.73	文化艺术培训服务	70.10	0.08
专业设计服务	1 412.13	1.69	文化经纪代理服务	63.33	0.08
出版服务	1 373.17	1.64	版权服务	58.97	0.07
广播电视电影专用设备的制造	1 369.24	1.64	群众文化服务	54.41	0.06
其他文化用品的销售	1 319.42	1.58	新闻服务	37.76	0.05
娱乐休闲服务	1 054.96	1.26	文化遗产保护服务	26.20	0.03
办公用品的制造	858.59	1.03	文化出租服务	15.89	0.02
广播电视传输服务	851.54	1.02	文化研究和社团服务	10.68	0.01
文化贸易代理与拍卖服务	816.11	0.97	图书馆与档案馆服务	4.23	0.01

数据来源：第三次全国经济普查。

A.2 2013 年文化产业结构统计（小类）

A.2.1 2013 年各类文化产业法人单位数量及占比

2013 年各类文化产业法人单位数量及占比如表 A-6 所示。

表 A-6 2013 年各类文化产业法人单位数量及占比

类　别	数量/户	占比/%	类　别	数量/户	占比/%
广告业	144 906	18.44	装订及印刷相关服务	6 025	0.77
网吧活动	70 805	9.01	电影和影视节目制作	5 662	0.72
包装装潢及其他印刷	45 150	5.75	焰火、鞭炮产品制造	5 495	0.70
专业化设计服务	38 973	4.96	文化艺术培训	5 050	0.64
工程勘察设计	35 157	4.48	本册印刷	4 918	0.63
其他未列明商务服务业	27 491	3.50	照明灯具制造	4 821	0.61
会议及展览服务	25 877	3.29	群众文化活动	4 750	0.60
软件开发	20 810	2.65	贸易代理	4 742	0.60
文具用品批发	20 393	2.60	图书批发	4 484	0.57
其他文化艺术业	17 632	2.24	机制纸及纸板制造	4 071	0.52
文具用品零售	16 297	2.07	电影放映	4 018	0.51
首饰和工艺品及收藏品批发	15 935	2.03	通信及广播电视设备批发	3 831	0.49
互联网信息服务	15 413	1.96	珠宝首饰及有关物品制造	3 521	0.45
工艺美术品及收藏品零售	13 620	1.73	园林、陈设艺术及其他陶瓷制品制造	3 450	0.44
其他工艺美术品制造	11 566	1.47	文具制造	3 380	0.43
其他文化用品批发	11 183	1.42	天然植物纤维编制工艺品制造	3 164	0.40
珠宝首饰零售	11 048	1.41	电子游艺厅娱乐活动	3 017	0.38
歌舞厅娱乐活动	10 724	1.37	音响设备制造	2 964	0.38
雕塑工艺品制造	9 840	1.25	其他室内娱乐活动	2 873	0.37
玩具制造	9 034	1.15	其他文化艺术经纪代理	2 701	0.34
书及报刊印刷	8 915	1.13	印刷专用设备制造	2 554	0.33
摄影扩印服务	8 226	1.05	电气设备批发	2 377	0.30

续表

类别	数量/户	占比/%	类别	数量/户	占比/%
游览景区管理	7 802	0.99	其他娱乐业	2 241	0.29
家用视听设备零售	7 774	0.99	有线广播电视传输服务	2 191	0.28
图书、报刊零售	7 553	0.96	笔的制造	2 059	0.26
抽丝刺绣工艺品制造	7 494	0.95	乐器零售	2 013	0.26
文艺创作与表演	7 381	0.94	其他未列明教育	1 704	0.22
其他文化用品零售	7 095	0.90	花画工艺品制造	1 647	0.21
家用电器批发	6 383	0.81	地毯、挂毯制造	1 637	0.21
金属工艺品制造	6 035	0.77	油墨及类似产品制造	1 594	0.20
广播电视接收设备及器材制造	1 593	0.20	其他乐器及零件制造	515	0.07
其他电子设备制造	1 583	0.20	照相机及器材制造	494	0.06
期刊出版	1 512	0.19	电视机制造	465	0.06
知识产权服务	1 418	0.18	信息化学品制造	462	0.06
音像制品及电子出版物零售	1 356	0.17	其他出版业	450	0.06
照相器材零售	1 321	0.17	社会人文科学研究	442	0.06
数字内容服务	1 162	0.15	中乐器制造	415	0.05
图书出版	1 139	0.14	博物馆	395	0.05
漆器工艺品制造	1 062	0.14	专业性团体（的服务）	391	0.05
拍卖	1 060	0.13	广播	373	0.05
音像制品及电子出版物批发	1 052	0.13	报刊批发	368	0.05
游乐园	978	0.12	其他娱乐用品制造	344	0.04
电视	968	0.12	音像制品出版	320	0.04
电影和影视节目发行	919	0.12	野生植物保护	320	0.04
报纸出版	917	0.12	无线广播电视传输服务	259	0.03
影视录放设备制造	893	0.11	档案馆	246	0.03
公园管理	873	0.11	新闻业	231	0.03
文化娱乐经纪人	847	0.11	记录媒介复制	211	0.03
手工纸制造	814	0.10	幻灯及投影设备制造	210	0.03
其他电信服务	698	0.09	广播电视节目制作及发射设备制造	167	0.02

续表

类　　别	数量/户	占比/%	类　　别	数量/户	占比/%
西乐器制造	677	0.09	电子出版物出版	160	0.02
录音制作	638	0.08	墨水、墨汁制造	159	0.02
应用电视设备及其他广播电视设备制造	624	0.08	电子乐器制造	159	0.02
露天游乐场所娱乐设备制造	573	0.07	图书出租	151	0.02
颜料制造	569	0.07	音像制品出租	132	0.02
艺术表演场馆	557	0.07	电影机械制造	95	0.01
复印和胶印设备制造	541	0.07	卫星传输服务	87	0.01
娱乐及体育设备出租	534	0.07	野生动物保护	77	0.01
文物及非物质文化遗产保护	528	0.07	烈士陵园、纪念馆	68	0.01
游艺用品及室内游艺器材制造	519	0.07	图书馆	58	0.01

数据来源：第三次全国经济普查。

A.2.2　2013 年各类文化产业从业人员数量及占比

2013 年各类文化产业从业人员数量及占比如表 A-7 所示。

表 A-7　2013 年各类文化产业从业人员数量及占比

类　　别	数量/人	占比/%	类　　别	数量/人	占比/%
包装装潢及其他印刷	1 360 402	7.73	广播电视接收设备及器材制造	176 033	1.00
广告业	1 155 722	6.57	图书、报刊零售	162 683	0.92
玩具制造	873 404	4.96	文具用品批发	151 281	0.86
工程勘察设计	759 889	4.32	文具制造	142 813	0.81
软件开发	558 363	3.17	珠宝首饰零售	142 383	0.81
焰火、鞭炮产品制造	546 953	3.11	文化艺术培训	137 678	0.78
其他工艺美术品制造	470 234	2.67	其他电子设备制造	133 401	0.76
机制纸及纸板制造	447 256	2.54	公园管理	126 627	0.72

续表

类　　别	数量/人	占比/%	类　　别	数量/人	占比/%
专业性团体（的服务）	440 087	2. 50	其他文化艺术业	124 605	0. 71
网吧活动	433 322	2. 46	家用电器批发	114 900	0. 65
专业化设计服务	429 825	2. 44	本册印刷	114 019	0. 65
游览景区管理	378 535	2. 15	电影放映	110 116	0. 63
书及报刊印刷	328 621	1. 87	地毯、挂毯制造	109 136	0. 62
音响设备制造	314 670	1. 79	照相机及器材制造	108 579	0. 62
互联网信息服务	313 850	1. 78	工艺美术品及收藏品零售	106 138	0. 60
有线广播电视传输服务	284 107	1. 61	装订及印刷相关服务	104 511	0. 59
雕塑工艺品制造	283 669	1. 61	文具用品零售	96 079	0. 55
文艺创作与表演	258 083	1. 47	其他文化用品批发	95 932	0. 55
电视	255 539	1. 45	电影和影视节目制作	93 954	0. 53
珠宝首饰及有关物品制造	255 274	1. 45	家用视听设备零售	91 336	0. 52
抽丝刺绣工艺品制造	245 601	1. 40	广播	89 907	0. 51
歌舞厅娱乐活动	241 767	1. 37	笔的制造	89 133	0. 51
照明灯具制造	233 522	1. 33	摄影扩印服务	87 525	0. 50
电视机制造	230 615	1. 31	复印和胶印设备制造	84 750	0. 48
影视录放设备制造	222 291	1. 26	印刷专用设备制造	84 692	0. 48
会议及展览服务	219 121	1. 25	图书批发	74 738	0. 42
报纸出版	216 926	1. 23	图书出版	70 757	0. 40
其他未列明商务服务业	209 356	1. 19	游乐园	66 352	0. 38
群众文化活动	202 251	1. 15	信息化学品制造	66 036	0. 38
园林、陈设艺术及其他陶瓷制品制造	194 121	1. 10	博物馆	65 421	0. 37
金属工艺品制造	185 760	1. 06	花画工艺品制造	65 317	0. 37
天然植物纤维编制工艺品制造	180 476	1. 03	其他未列明教育	65 047	0. 37
首饰和工艺品及收藏品批发	180 402	0. 03	文物及非物质文化遗产保护	58 918	0. 33
图书馆	55 997	0. 32	烈士陵园、纪念馆	18 941	0. 11
油墨及类似产品制造	55 122	0. 31	其他乐器及零件制造	15 989	0. 09
其他文化用品零售	53 890	0. 31	报刊批发	15 230	0. 09

续表

类　别	数量/人	占比/%	类　别	数量/人	占比/%
西乐器制造	53 497	0. 30	其他娱乐用品制造	14 642	0. 08
社会人文科学研究	60 665	0. 29	中乐器制造	14 421	0. 08
应用电视设备及其他广播电视设备制造	50 216	0. 29	其他出版业	13 965	0. 08
通信及广播电视设备批发	49 894	0. 28	电子乐器制造	13 530	0. 08
新闻业	46 411	0. 26	乐器零售	12 290	0. 07
贸易代理	45 837	0. 26	幻灯及投影设备制造	11 648	0. 07
其他娱乐业	44 384	0. 25	记录媒介复制	11 285	0. 06
漆器工艺品制造	43 407	0. 25	照相器材零售	11 038	0. 06
其他室内娱乐活动	41 047	0. 23	野生动物保护	11 003	0. 06
艺术表演场馆	40 732	0. 23	广播电视节目制作及发射设备制造	10 859	0. 06
其他电信服务	40 598	0. 23	拍卖	9 599	0. 05
期刊出版	40 301	0. 23	音像制品及电子出版物批发	9 576	0. 05
档案馆	39 693	0. 23	音像制品及电子出版物零售	9 269	0. 05
无线广播电视传输服务	37 783	0. 21	野生植物保护	8 390	0. 05
颜料制造	36 351	0. 21	文化娱乐经纪人	6 661	0. 04
电气设备批发	28 520	0. 16	录音制作	6 499	0. 04
游艺用品及室内游艺器材制造	25 468	0. 14	音像制品出版	5 033	0. 03
电影和影视节目发行	24 709	0. 14	娱乐及体育设备出租	4 993	0. 03
数字内容服务	22 033	0. 13	卫星传输服务	4 475	0. 03
手工纸制造	20 970	0. 12	电影机械制造	3 916	0. 02
电子游艺厅娱乐活动	20 343	0. 12	墨水、墨汁制造	3 421	0. 02
其他文化艺术经纪代理	19 427	0. 11	电子出版物出版	2 955	0. 02
知识产权服务	19 216	0. 11	图书出租	2 665	0. 02
露天游乐场所娱乐设备制造	19 186	0. 11	音像制品出租	1 125	0. 01

数据来源：第三次全国经济普查。

A.2.3 2013年各类文化产业资产数量及占比

2013年各类文化产业资产数量及占比如表A-8所示。

表A-8 2013年各类文化产业资产数量及占比

类别	数量/亿元	占比/%	类别	数量/亿元	占比/%
广告业	8 907.82	8.61	照明灯具制造	886.83	0.86
游览景区管理	6 292.08	6.08	通信及广播电视设备批发	836.01	0.81
机制纸及纸板制造	6 037.99	5.84	其他文化用品批发	825.26	0.80
包装装潢及其他印刷	5 146.79	4.98	音响设备制造	752.27	0.73
工程勘察设计	4 696.12	4.54	雕塑工艺品制造	722.75	0.70
软件开发	3 535.73	3.42	广播电视接收设备及器材制造	702.38	0.68
有线广播电视传输服务	3 359.99	3.25	焰火、鞭炮产品制造	656.16	0.63
互联网信息服务	3 274.83	3.17	电影放映	639.51	0.62
电视	2 997.91	2.90	群众文化活动	623.90	0.60
电视机制造	2 590.28	2.50	其他电子设备制造	603.06	0.58
珠宝首饰及有关物品制造	2 479.84	2.40	博物馆	592.71	0.57
专业化设计服务	2 354.42	2.28	文物及非物质文化遗产保护	579.35	0.56
图书出版	2 287.80	2.21	抽丝刺绣工艺品制造	563.41	0.54
会议及展览服务	2 276.12	2.20	网吧活动	537.36	0.52
首饰和工艺品及收藏品批发	2 222.71	2.15	图书馆	533.14	0.52
其他未列明商务服务业	1 765.06	1.71	工艺美术品及收藏品零售	518.33	0.50
电影和影视节目制作	1 615.37	1.56	广播	488.03	0.47
报纸出版	1 609.04	1.56	金属工艺品制造	424.97	0.41
文具用品批发	1 524.02	1.47	无线广播电视传输服务	424.29	0.41
家用电器批发	1 317.70	1.27	西乐器制造	410.67	0.40
公园管理	1 276.03	1.23	印刷专用设备制造	407.07	0.39
书及报刊印刷	1 267.33	1.23	地毯、挂毯制造	400.96	0.39
玩具制造	1 184.86	1.15	贸易代理	385.61	0.37
图书批发	1 093.41	1.06	文具制造	366.53	0.35

续表

类　别	数量/亿元	占比/%	类　别	数量/亿元	占比/%
图书、报刊零售	1 049.71	1.02	照相机及器材制造	364.04	0.35
其他文化艺术业	1 041.16	1.01	复印和胶印设备制造	362.48	0.35
珠宝首饰零售	1 033.34	1.00	歌舞厅娱乐活动	355.83	0.34
其他工艺美术品制造	1 027.13	0.99	应用电视设备及其他广播电视设备制造	346.28	0.33
文艺创作与表演	991.42	0.96	油墨及类似产品制造	344.67	0.33
影视录放设备制造	984.84	0.95	园林、陈设艺术及其他陶瓷制品制造	340.51	0.33
电影和影视节目发行	945.61	0.91	本册印刷	337.68	0.33
信息化学品制造	903.11	0.87	家用视听设备零售	336.59	0.33
游乐园	898.84	0.87	其他娱乐业	335.50	0.32
专业性团体（的服务）	289.53	0.28	知识产权服务	89.67	0.09
艺术表演场馆	287.55	0.28	广播电视节目制作及发射设备制造	88.87	0.09
新闻业	284.71	0.28	记录媒介复制	88.68	0.09
其他电信服务	283.10	0.27	游艺用品及室内游艺器材制造	84.14	0.08
天然植物纤维编制工艺品制造	278.76	0.27	音像制品及电子出版物批发	68.05	0.07
电气设备批发	274.48	0.27	手工纸制造	66.74	0.06
文具用品零售	261.80	0.25	音像制品及电子出版物零售	64.24	0.06
装订及印刷相关服务	253.34	0.24	幻灯及投影设备制造	63.67	0.06
社会人文科学研究	238.71	0.23	音像制品出版	53.49	0.05
颜料制造	230.18	0.22	电子游艺厅娱乐活动	49.47	0.05
期刊出版	221.64	0.21	报刊批发	48.61	0.05
其他文化艺术经纪代理	219.03	0.21	乐器零售	42.41	0.04
文化艺术培训	210.39	0.20	其他娱乐用品制造	39.09	0.04
笔的制造	197.54	0.19	照相器材零售	37.21	0.04
其他文化用品零售	187.44	0.18	卫星传输服务	35.99	0.03
拍卖	163.03	0.16	其他乐器及零件制造	34.41	0.03
其他未列明教育	159.75	0.15	野生植物保护	34.05	0.03

续表

类　　别	数量/亿元	占比/%	类　　别	数量/亿元	占比/%
摄影扩印服务	143.47	0.14	录音制作	32.86	0.03
烈士陵园、纪念馆	139.86	0.14	文化娱乐经纪人	32.39	0.03
漆器工艺品制造	128.64	0.12	电影机械制造	29.83	0.03
其他出版业	124.83	0.12	电子乐器制造	28.78	0.03
花画工艺品制造	117.06	0.11	中乐器制造	27.53	0.03
档案馆	106.41	0.10	电子出版物出版	24.54	0.02
数字内容服务	102.92	0.10	音像制品出租	21.86	0.02
其他室内娱乐活动	99.94	0.10	娱乐及体育设备出租	17.93	0.02
野生动物保护	95.54	0.09	墨水、墨汁制造	14.18	0.01
露天游乐场所娱乐设备制造	91.75	0.09	图书出租	4.43	0.004

数据来源：第三次全国经济普查。

A.2.4　2013 年各类文化产业产出数量及占比

2013 年各类文化产业产出数量及占比如表 A-9 所示。

表 A-9　2013 年各类文化产业产出数量及占比

类　　别	数量/亿元	占比/%	类　　别	数量/亿元	占比/%
包装装潢及其他印刷	6 159.97	7.36	复印和胶印设备制造	695.87	0.83
广告业	5 401.40	6.45	照相机及器材制造	667.29	0.80
机制纸及纸板制造	4 947.83	5.55	图书出版	659.92	0.79
电视机制造	4 190.36	5.00	家用视听设备零售	653.75	0.78
珠宝首饰及有关物品制造	3 728.46	4.45	金属工艺品制造	641.89	0.77
首饰和工艺品及收藏品批发	3 597.94	4.30	游览景区管理	620.86	0.74
家用电器批发	3 159.53	3.77	园林、陈设艺术及其他陶瓷制品制造	601.29	0.72
工程勘察设计	2 900.37	3.46	地毯、挂毯制造	585.25	0.70
文具用品批发	2 334.84	2.79	报纸出版	529.70	0.63
软件开发	2 235.97	2.67	网吧活动	511.48	0.61
玩具制造	2 104.05	2.51	电气设备批发	500.59	0.60

续表

类　别	数量/亿元	占比/%	类　别	数量/亿元	占比/%
通信及广播电视设备批发	2 064.60	2.47	文具制造	498.20	0.59
互联网信息服务	2 005.80	2.40	其他未列明商务服务业	491.29	0.59
影视录放设备制造	2 002.37	2.39	本册印刷	477.78	0.57
其他工艺美术品制造	1 723.80	2.06	工艺美术品及收藏品零售	458.79	0.55
焰火、鞭炮产品制造	1 634.24	1.95	印刷专用设备制造	432.91	0.52
专业化设计服务	1 412.13	1.69	电视	401.34	0.48
书及报刊印刷	1 297.45	1.55	油墨及类似产品制造	393.71	0.47
音响设备制造	1 288.46	1.54	颜料制造	390.54	0.47
珠宝首饰零售	1 275.64	1.52	应用电视设备及其他广播电视设备制造	382.35	0.46
照明灯具制造	1 256.73	1.50	电影和影视节目制作	358.22	0.43
雕塑工艺品制造	1 132.79	1.35	笔的制造	337.81	0.40
其他电子设备制造	1 066.55	1.27	文具用品零售	334.39	0.40
其他文化用品批发	1 008.58	1.20	其他文化用品零售	310.84	0.37
抽丝刺绣工艺品制造	999.11	1.19	装订及印刷相关服务	295.69	0.35
图书、报刊零售	963.03	1.15	歌舞厅娱乐活动	283.45	0.34
广播电视接收设备及器材制造	879.94	1.05	文艺创作与表演	262.05	0.31
会议及展览服务	797.29	0.95	花画工艺品制造	256.35	0.31
天然植物纤维编制工艺品制造	785.50	0.94	电影放映	249.33	0.30
有线广播电视传输服务	784.49	0.94	其他文化艺术业	224.21	0.27
贸易代理	756.99	0.90	其他电信服务	211.86	0.25
图书批发	737.83	0.88	漆器工艺品制造	205.07	0.24
信息化学品制造	723.61	0.86	西乐器制造	186.52	0.22
电影和影视节目发行	176.29	0.21	其他娱乐用品制造	43.20	0.05
游艺用品及室内游艺器材制造	156.66	0.19	文化艺术培训	42.02	0.05
游乐园	135.98	0.16	广播	40.90	0.05
期刊出版	129.26	0.15	新闻业	37.76	0.05
摄影扩印服务	118.52	0.14	电影机械制造	35.12	0.04

续表

类　别	数量/亿元	占比/%	类　别	数量/亿元	占比/%
公园管理	88.04	0.11	艺术表演场馆	30.53	0.04
记录媒介复制	86.66	0.10	其他未列明教育	28.08	0.03
露天游乐场所娱乐设备制造	84.78	0.10	音像制品出版	25.58	0.03
幻灯及投影设备制造	81.84	0.10	电子游艺厅娱乐活动	23.29	0.03
手工纸制造	79.39	0.09	墨水、墨汁制造	22.59	0.03
广播电视节目制作及发射设备制造	71.84	0.09	其他出版业	20.52	0.02
照相器材零售	67.51	0.08	野生动物保护	19.13	0.02
数字内容服务	66.65	0.08	录音制作	18.13	0.02
电子乐器制造	59.83	0.07	文物及非物质文化遗产保护	16.56	0.02
其他乐器及零件制造	59.20	0.07	文化娱乐经纪人	14.66	0.02
拍卖	59.12	0.07	娱乐及体育设备出租	12.12	0.01
知识产权服务	58.97	0.07	野生植物保护	10.42	0.01
无线广播电视传输服务	57.85	0.07	卫星传输服务	9.20	0.01
其他娱乐业	54.99	0.07	社会人文科学研究	9.02	0.01
群众文化活动	54.41	0.06	电子出版物出版	8.18	0.01
音像制品及电子出版物零售	53.83	0.06	博物馆	7.36	0.01
中乐器制造	51.03	0.06	档案馆	3.08	0.004
音像制品及电子出版物批发	50.41	0.06	烈士陵园、纪念馆	2.27	0.003
其他文化艺术经纪代理	48.66	0.06	音像制品出租	2.22	0.003
报刊批发	48.10	0.06	专业性团体（的服务）	1.67	0.002
其他室内娱乐活动	45.77	0.05	图书出租	1.55	0.002
乐器零售	43.28	0.05	图书馆	1.14	0.001

数据来源：第三次全国经济普查。

参考文献

[1] BECKER G S, MURPHY K M. A theory of rational addiction [J]. Journal of political economy, 1988, 96 (4): 675-700.

[2] 冯俊. 中华人民共和国国情词典 [M]. 北京: 中国人民大学出版社, 2011.

[3] 甘旭峰, 一诺. 日本文化产业发展经验对我国文化产业振兴规划实施的启示 [J]. 当代财经, 2010 (6): 85-91.

[4] 高兴武. 公共政策评估: 体系与过程 [J]. 中国行政管理, 2008 (2): 58-62.

[5] 关信平. 社会政策概论 [M]. 北京: 高等教育出版社, 2009.

[6] 胡惠林. 论文化产业结构的战略性调整与制度创新 [J]. 思想战线, 2003, 29 (4): 51-55.

[7] 胡惠林. 文化产业学 [M]. 北京: 高等教育出版社, 2006.

[8] 胡惠林. 文化产业学 [M]. 2 版. 北京: 清华大学出版社, 2015.

[9] 黄红华. 政策工具理论的兴起及其在中国的发展 [J]. 社会科学, 2010 (4): 13-19.

[10] 黄勤. 优化文化产业结构迫在眉睫 [J]. 政策, 2005 (3): 55-57.

[11] 亢世勇, 刘海润. 现代汉语新词语词典 [M]. 上海: 上海辞书出版社, 2009.

[12] 李海霞. 日本文化产业的主要特点探析 [J]. 天府新论, 2010 (6): 114-119.

[13] 李海霞. 日本文化产业战略思想及其启示 [J]. 现代日本经济, 2010, 174 (6): 24-30.

[14] 李江帆. 第三产业的产业性质、评估依据和衡量指标 [J]. 华南师范大学学报 (社会科学版), 1994 (3): 5-13.

[15] 李婧. 文化贸易: 2014 喜与痛 [N]. 中国文化报, 2015-02-28.

［16］联合国教科文组织，联合国开发计划署．创意经济报告 2013：拓展本土发展途径［M］．意娜，译．北京：社会科学文献出版社，2014.
［17］刘吉发，陈怀平．文化产业学导论［M］．北京：首都经济贸易大学出版社，2010.
［18］刘绍坚．文化产业：国际经验与中国路径［M］．北京：中国社会科学出版社，2014.
［19］刘树成．现代经济词典［M］．南京：凤凰出版社，2005.
［20］罗能生，林志强，谢里．湖南文化产业结构优化研究［J］．财经理论与实践，2009，30（5）：118-121.
［21］吕晓志，于娜．日本动漫产业的成功启示［J］．中国电视，2007，（4）：76-80.
［22］欧阳友权．文化产业通论［M］．长沙：湖南人民出版社，2006.
［23］彭翊．中国省市文化产业发展指数报告 2015［M］．北京：中国人民大学出版社，2015.
［24］曲金华．文化产业结构优化中的问题及成因［J］．长春理工大学学报（社会科学版），2013（10）：102-104.
［25］上海市哲学社会科学规划办公室．文化产业的发展和管理［M］．上海：学林出版社，2001.
［26］佘赛男．四川省文化及相关产业内部结构的投入产出分析［J］．经济研究导刊，2013（8）：48-49.
［27］孙景民．从经济的视角审视文化：论美国文化产业理论［J］．北京工商大学学报（社会科学版），2006，21（6）：91-95.
［28］王祎庆．文化产业政策解读［M］．北京：中国传媒大学出版社，2015.
［29］王冉冉．武汉市文化创意产业发展结构及经济效应研究［J］．湖北职业技术学院学报，2013（3）：27-31.
［30］向勇．文化产业导论［M］．北京：北京大学出版社，2015.
［31］徐文燕，盛林．江苏文化产业结构现状与优化对策研究［J］．南京财经大学学报，2011（3）：18-23.
［32］许梦博，许罕多．文化产业结构的演进及中国的战略选择［J］．社会科学

战线，2009（3）：251-254.

[33] 杨帆，刘景辉．京津冀协同发展背景下河北文化产业结构的创新发展研究［J］. 统计与管理，2016（4）：119-120.

[34] 杨积堂．中国文化产业发展政策与法规参考［M］. 北京：法律出版社，2014.

[35] 于亚娟．内蒙古文化产业结构现状及优化［J］. 内蒙古财经大学学报，2005，13（6）：50-53.

[36] 余源培．邓小平理论辞典［M］. 上海：上海辞书出版社，2012.

[37] 占绍文，居玲燕，茆宇星．基于偏离-份额分析法的陕西省文化产业结构效益研究［J］. 江苏商论，2016（2）：72-74.

[38] 张春颖，王建华．河北省文化产业结构升级优化［J］. 北华航天工业学院学报，2016（3）：31-33.

[39] 张茹茹，薛东前，刘振峰．文化产业结构演进特征及其机理分析：以西安市为例［J］. 文化产业研究，2016（1）：269-283.

[40] 章雨微，赵瑞峰．广西少数民族文化产业结构优化研究［J］. 企业改革与管理，2016（1）：201-202.

[41] 赵佳佳．辽宁文化产业发展与产业结构升级［J］. 产业组织评论，2013（1）：92-99.

[42] 周格非，周庆山．我国数字内容产业政策的内容分析与完善策略［J］. 图书情报工作，2014（10）：11-18.

[43] 朱文静，顾江，朱婷．我国文化出口贸易结构变迁与产业结构调整的相互影响［J］. 经济经纬，2012（6）：52-56.

[44] 宗刚，徐珊珊．北京市文化创意产业结构分析［J］. 特区经济，2013（3）：51-54.

[45] 左惠．文化产品供给论：文化产业发展的经济学分析［M］. 北京：经济科学出版社，2009.